Jean Monbourquette

Finde deinen Platz im Leben

W0320967

HERDER spektrum

Band 5298

Das Buch

Mit vielen Beispielen, Übungen und auch Ritualen hilft der Autor dem Leser auf seine Lebensspur, die ihn einmalig und unverwechselbar sein lässt. Wenn man eine gewisse Offenheit nach innen gefunden hat, zeigt sich diese Bestimmung, diese Spur wie von selbst. Ein angeleiteter Rückblick auf die bisherige Lebensgeschichte ist dabei unvermeidlich und sehr erhellend. Der Leser wird eingeladen, seine persönlichen Interessen, Anlagen und Vorlieben ernst zu nehmen, auch seinen innersten Träumen nachzuspüren. Aus den vielfältigen Angeboten kann sich der Leser insbesondere die auswählen, die ihn weiterbringen. Nach und nach kristallisiert sich das heraus, was der Autor als innere Bestimmung meint. Der Leser versteht nun sich und seinen Lebensweg besser und ist in der Lage, der Sinnspur seines Lebens zu folgen – eine wichtige Grundlage für individuelles Lebensglück. Ein Buch zu einem anspruchsvollen Thema, substantiell und doch zugleich praktisch, übersichtlich und einfach geschrieben.

Der Autor

Jean Monbourquette, Tiefenpsychologe (C. G. Jung), klinischer Psychologe und Theologe, Professor am Institut für Pastoral an der Universität in Ottawa. Autor mehrerer therapeutischer Bücher. Bei Herder spektrum: „*Umarme deinen Schatten*“ (Band 5094).

Jean Monbourquette

Finde deinen Platz im Leben

Der inneren Bestimmung folgen

Aus dem Französischen
von Bernardin Schellenberger

HERDER

FREIBURG · BASEL · WIEN

Gedruckt auf umweltfreundlichem,
chlorfrei gebleichtem Papier

Titel der französischen Originalausgabe: „À chacun sa mission“
© 1999 Novalis, Université Saint-Paul, Ottawa

Alle Rechte vorbehalten – Printed in Germany
© Verlag Herder Freiburg im Breisgau 2003
www.herder.de
Herstellung: fgb · freiburger graphische betriebe 2003
www.fgb.de
Umschlaggestaltung und Konzeption:
R·M·E München / Roland Eschlbeck, Liana Tuchel
Umschlagmotiv: © ZEFA
ISBN 3-451-05298-9

Wohl dem Menschen,
dem die Kraft von dir kommt:
in seinem Herzen findet er die Stufen,
die ihn aufwärts führen.

Psalm 84,6
(hier nach 83,6 in der Vulgata-Fassung)

Inhalt

Danksagung

An erster Stelle möchte ich mich bei meinem Freund und Kollegen P. Jacques Croteau für seine rege Anteilnahme an meinem vorliegenden Buchprojekt bedanken. Er war nicht nur großzügig dazu bereit, den Stil und die Klarheit des Textes zu verbessern, sondern hat auch sorgfältig meine inhaltlichen Vorstellungen überprüft und kritisiert. Als nächster gilt mein Dank Pauline Vertefeuille, die meinen Text bereitwillig mit ihrem geübten Auge als Journalistin durchsah und mir half, die Grundgedanken deutlicher hervorzuheben. Ferner hatte ich das Glück, dass mein Buch von Josée Latulippe lektoriert wurde. Bei ihr wusste ich es in besten Händen, denn Josée nahm sich seiner an, als wäre es ihr eigenes Werk.

Einführung

Eine Krankenhauspsychologin vertraute mir an, ihre intensivste Zeit verbringe sie nicht damit, den Patienten zuzuhören, sondern sich der Probleme ihrer Kolleginnen und Kollegen anzunehmen. Die meisten von ihnen plagten sich mit der Frage herum, welchen Sinn ihr Leben überhaupt habe: „Wozu lebe ich denn eigentlich? Wem dient meine Arbeit, und wozu? Gibt es im Leben eigentlich mehr als diesen endlosen Kreislauf von Arbeit – Freizeit – Schlafen?" Nachdem die traditionellen Religionen und die humanistischen Philosophien als Lieferanten eines bestimmten Lebenssinns an Einfluss verloren haben, ist bei vielen unserer Zeitgenossen ein existenzielles Vakuum entstanden. So schien es mir wichtig, hier vorzulegen, was mir zur Frage der Suche nach dem Sinn des eigenen Lebens durch den Kopf gegangen ist, und zwar in der Form, dass ich gleich eine praktische Handreichung dafür biete, wie man seinen ganz persönlichen Lebensauftrag deutlicher erkennen kann. Diese Erkenntnis ermöglicht es, in allem, was man tagtäglich tut und äußert, einen Sinn sehen zu können. Wenn man weiß, wozu man überhaupt da ist, schenkt einem das nicht nur grundsätzlich einen tragenden Sinn für sein Leben, sondern es verleiht auch allem, was man tut, einen inneren Zusammenhang und eine klare Zielrichtung. Das alles trägt schließlich zur Entfaltung der eigenen Person bei.

An wen sich dieses Buch richtet

Die Hauptabsicht dieses Buches ist es, die Menschen zu begleiten, die gerade in ihrem Leben einen Übergang bewältigen müssen, mögen sie sich frei dazu entschlossen haben oder dazu gezwungen sein. Übergänge werden uns im Leben früher oder später immer wieder zugemutet. Allerdings geraten viele unvorbereitet darin hinein, ohne je darin eingeführt worden zu sein: junge Erwachsene, die in der Pubertät stecken geblieben sind, Erwachsene, die in die Krise der Lebensmitte geraten, Eltern, die sich vor die Tatsache gestellt sehen, dass „das Nest leer" ist, Ruheständler, die freiwillig oder gezwungen aus dem Arbeitsleben ausgeschieden sind, betagte Menschen, die ihr Ende nahe kommen sehen. In diesen Umbruchsphasen, die eine starke Veränderung im Leben ankündigen, stellen sich allen Menschen besonders scharf die Fragen nach ihrer Identität, dem Sinn ihres Daseins und ihren Perspektiven für die Zukunft.

Andere Übergänge werden in Folge unvorhergesehener Ereignisse notwendig. Während ich dieses Buch schreibe, fallen mir ganz besonders Menschen ein, die schwere Verluste erlitten haben: dadurch, dass eine wesentliche Beziehung zerbrach, ein lieber Mensch verstarb, jemand arbeitslos wurde, in den Ruhestand kam, oder dass jemandem wichtige spirituelle Überzeugungen abhanden kamen; oder vielleicht geht jemandem auf, dass er seine besten Anlagen und Fähigkeiten nie verwirklicht hat; oder jemand findet überhaupt keinen Grund mehr dafür, am Leben zu sein. Ich denke auch an bestimmte Leserinnen und Leser, die mitten in einer existenziellen Krise stecken, weil ihnen alle Motivationen, die sie bis jetzt am Leben hielten, unzureichend erscheinen; an Menschen, die in Lebensverhältnisse hineingezwungen sind, die ihnen überhaupt nicht entsprechen; oder an solche, die ständigen Überdruss oder einen unerklärlichen Ekel empfinden; und schließlich an all jene, die das Gefühl haben, in ihrem Leben den richtigen Zug sowieso verpasst zu haben.

Wie dieses Buch angelegt ist

Dieses Buch ist die Frucht meiner Erfahrung aus der Arbeit mit fünf Gruppen, die entweder aus Jugendlichen oder aus Erwachsenen in der Lebensmitte bestanden. Bei den auf drei Wochenenden verteilten Gruppentreffen wurden die Teilnehmer zu einer aus drei Schritten bestehenden spirituellen Suche angeleitet: Sie sollten sich zunächst bewusst von den Etappen ihres Lebens verabschieden, die sie bereits hinter sich hatten, sodann ihre Identität vertiefen und schließlich sich auf ihre tatsächliche Lebensaufgabe besinnen. Am Schluss des ganzen Prozesses bestätigten die Teilnehmer fast einhellig, sie hätten sich selbst wesentlich besser kennen gelernt, sowie auch ihre Aufgabe im Leben und das, was sie darin noch vollbringen wollten. Auch die Leser dieses Buches möchte ich zu dieser persönlichen Suche einladen, die ihnen helfen soll, ihre Lebensaufgabe zu entdecken. Das Wort „suchen" bedeutete ursprünglich „intensiv finden wollen, nachforschen, erstreben" und zugleich auch – in der Sprache der Jäger – das „Aufspüren" des Wildes, bezeichnet also ein spannendes Unternehmen.

Mit meiner Vorgehensweise halte ich mich in groben Zügen an das Modell der Wandlungen im menschlichen Leben, das William Bridges in seinem Buch *Transitions: Making Sense of Life's Changes* vorgestellt hat. Bridges beschreibt das Leben des Menschen als eine Abfolge von *passages* oder *transitions*, also Übergängen, die jeweils in drei Etappen bewältigt werden müssen: Auf die Etappe der Loslösung von einem vergangenen Zeitabschnitt folgt die Etappe am „Rand" bzw. auf der „Grenze", in der sich der Mensch vor die Aufgabe gestellt sieht, seine Identität zu festigen und seine Lebensaufgabe klarer zu erkennen, und hierauf folgt schließlich die Etappe, in der er im Kontext seiner Gemeinschaft seine Aufgabe praktisch verwirklicht.

Bei diesem in drei Phasen verlaufenden Prozess handelt es sich um ein klassisches Modell, das allen Initiationsriten zugrunde liegt. Auch die mythischen Erzählungen sind nach dem Schema dieser drei Phasen aufgebaut: Der Held wird berufen und bricht auf, muss zahlreiche Prüfungen bestehen und kommt schließlich siegreich wieder heim. Auch etliche Heilungsriten halten sich an dieses Schema, etwa die Dynamik der zwölf Etappen der Anonymen Alkoholiker: Aufgabe des Alkohols – innerer Kampf – Heilung.

In den drei ersten Kapiteln dieses Buches wird zunächst theoretisch von der Lebensaufgabe des Menschen gehandelt und dargelegt, weshalb es so wichtig ist, sie zu erfüllen. Alle weiteren Kapitel halten sich an das von Bridges vorgestellte Modell. So wird im 4.

und 5. Kapitel die Zeit des „Loslassens“ im Geist der Trauer und der Vergebung behandelt, die unerlässlich ist, um sich für seine Suche frei zu fühlen. Im 7. und 8. Kapitel wird die Zeit am „Rand“ beschrieben, die dem Menschen die Möglichkeit bietet, seine Identität zu vertiefen und deutlicher zu erfassen, was das Leben von ihm erwartet. In den drei folgenden Kapiteln (also dem 8., 9. und 10.) werden hilfreiche praktische Methoden dafür vorgestellt, seine Aufgabe zu entdecken. In den beiden letzten Kapiteln soll es schließlich noch um die abschließende Etappe gehen, nämlich die konkrete Verwirklichung der eigenen Lebensaufgabe, um mögliche Widerstände dagegen sowie um die Wahl geeigneter Mitarbeiter.

Am Schluss bestimmter Kapitel findet sich eine Reihe von praktischen Übungen. Ich empfehle der Leserin bzw. dem Leser, sich ein Heft zu besorgen, um darin während des gesamten Verlaufs der Übung die eigenen Reaktionen auf die einzelnen Übungen und Bemerkungen dazu eintragen zu können. Das *Tagebuch meiner Entdeckungen bezüglich meiner Lebensaufgabe* am Ende dieses Buches (S. 177) bietet die Möglichkeit, die Ergebnisse der eigenen persönlichen Überlegungen zu sammeln, die Entdeckungen zusammenzustellen und zum Schluss seinen Lebensplan zu formulieren.

Erster Teil

Grundsätzliches über die eigene Lebensaufgabe

1
Was ist das eigentlich: die eigene Lebensaufgabe?

Drei Steinmetze sitzen in einem Wirtshaus um den Tisch
und erholen sich bei einem Bier von ihrem Arbeitstag.
Der Wirt fragt den ersten, was er arbeite.
Der gibt zur Antwort: „Ich behaue Steine."
Er fragt auch den zweiten, und der gibt zur Antwort:
„Ich behaue Steine für den Bau von Mauern."
Der dritte wartet gar nicht die Frage des Wirts ab
und erklärt voller Stolz:
„Ich baue an einer Kathedrale mit."

Sendung, Berufung, Mission, Auftrag, Aufgabe: Welche Bezeichnung passt am besten?

Um allen Missverständnissen zuvorzukommen, möchte ich gleich zu Beginn den Sinn des Wortes *mission* genauer erklären, den ich in der französischen Ausgabe dieses Buches verwende und der hier im Deutschen mit „Aufgabe" wiedergegeben wird. Natürlich handelt es sich nicht um den Sinn, den das Wort *mission* in Begriffen wie *diplomatische Mission* oder *Auslandsmission* hat, womit eine Funktion oder Vollmacht bezeichnet wird, die jemand von einer zuständigen Autorität verliehen bekommt. Für unseren Zusammenhang bezeichnet *mission* eine ins Wesen des Einzelnen eingeschriebene Ausrichtung für seine praktische Rolle in der Gemeinschaft seiner Mitmenschen. Oder anders gesagt: Es bezeichnet das Bedürfnis des Menschen, sich im Rahmen der Gemeinschaft, in der er sich vorfindet, gemäß seiner Identität im praktischen Einsatz zu entfalten.

In der gegenwärtigen französischen Literatur zum Thema *mission* werden zur Beschreibung der gleichen Wirklichkeit zwei andere Synonyme verwendet, nämlich die Begriffe *vocation* und *vi-*

sion, also „Berufung" und „Vision". Sie bezeichnen im religiösen Sprachgebrauch die Aufforderung seitens eines höheren Wesens, einen bestimmten Weg einzuschlagen oder einen bestimmten Auftrag zu erfüllen. Dieser Sinn ist hier nicht gemeint, da wir uns vorwiegend im psychospirituellen und nicht im religiösen Rahmen bewegen.

Wenn ich in der französischen Fassung die Begriffe *mission, vocation* und *vision* verwendet habe, wollte ich damit immer ein und dieselbe Wirklichkeit bezeichnen, auch wenn sie auf unterschiedliche Wahrnehmungsweisen anspielen: auf die eher emotionale oder das Hören oder das Sehen. Die Etymologie dieser Wörter kann noch deutlicher ihre Unterschiede aufzeigen. *Mission* (lateinisch *missio* und *missus*, was „Sendung" bzw. „Gesandter" bedeutet) lässt an ein Gedrängtwerden denken, einen starken inneren Antrieb emotionaler Art. *Vocation* (lateinisch *vocatio*, „Einladung", „Berufung") hat mit dem Hörvermögen zu tun; genauer: Das Wort unterstellt einen Ruf aus dem tiefsten eigenen Inneren heraus. *Vision* (lateinisch *visio* oder *visum*, das „Gesehene", „Geschaute") ist dem Sehvermögen zugeordnet. Man bezeichnet damit gewöhnlich ein inneres Bild, das man verwirklichen möchte, eine schöpferische Idee oder einen Plan. Im Französischen verwende ich meistens das Wort *mission*; von *vision* und *vocation* spreche ich nur gelegentlich. (Anmerkung des Übersetzers: Der entsprechende deutsche Begriff für *mission*, „Sendung", dürfte zu pathetisch wirken und ist daher mit dem schlichteren Wort „Aufgabe" übersetzt. Darin mag die „Hausaufgabe" aus der Schule anklingen, aber der ursprüngliche Sinn des Wortes ist tiefer: Schon das mittelhochdeutsche *gâbe* bezeichnet die Eigenschaft, womit jemand ausgestattet ist, also die „Begabung", das „Talent", das jemand für sein Leben mitbekommen hat. So steckt im Begriff „Aufgabe" ziemlich genau das mit *mission* Gemeinte: Begabung und Auftrag, die individuelle innere Dynamik.)

Wie kann man seine persönliche Aufgabe umschreiben?

David Spangler sagt in seinem Buch *The Call*, es gebe im Leben nur eine einzige wirkliche Aufgabe: zu *lieben!* Einer solchen Behauptung kann man kaum widersprechen. Sie stimmt zwar, aber sie kommt mir zu allgemein vor. Und so dürfte es angebracht sein, eine Liste konkreterer Lebensaufgaben aufzustellen, die natürlich alle durchaus diesem letzten Ziel dienen: zu lieben.

Die persönliche Lebensaufgabe kann zahlreiche Ausprägungen und Formen annehmen. Zuweilen kann es schon genügen, seiner bisherigen Arbeit eine etwas andere Form zu geben. So kann man eventuell weiterhin das Gleiche tun, aber in einem etwas anderen Kontext; oder sich vervollkommnen, indem man sich weiterbildet oder seine Einstellung zu seiner Arbeit ändert; oder sich selbstständig macht und auf eigene Rechnung arbeitet; oder mehr Wert auf Teamarbeit legt; oder für das, was man tut, einen neuen Grund findet; usw.

In manchen Fällen wird man der Erfüllung seiner Lebensaufgabe näher kommen, wenn man seine Einstellung ändert: zum Beispiel kreativer wird, einfühlsamer, aufbauender, weniger ängstlich, unternehmungslustiger, engagierter, zufriedener, eher bereit, seiner Dankbarkeit Ausdruck zu verleihen.

Doch gibt es auch Fälle, in denen man so weit gehen müsste, den Beruf oder die Stelle zu wechseln. Das dürfte dann angesagt sein, wenn man spürt, dass man einem hartnäckigen inneren Ruf folgen sollte, etwa, sich mehr für andere einzusetzen, sich politisch zu engagieren, international zusammenzuarbeiten, eine neue Form künstlerischen Ausdrucks zu finden, eine alte Leidenschaft wieder aufzugreifen usw. Und schließlich kann die Treue zur eigenen Lebensaufgabe auch verlangen, dass man einen völlig anderen Lebensstil wählt: heiratet, sich zu einem Kind entschließt, Einsiedler wird, sich einer Gemeinschaft Gleichgesinnter, die bestimmte Werte verwirklichen wollen, anschließt, einen neuen Partner findet, mit dem man das gleiche spirituelle Ideal teilt usw.

Wie erkennt man seine persönliche Lebensaufgabe?

Die persönliche Lebensaufgabe kann ganz unterschiedliche Gestalt annehmen: Es kann sich dabei um ein Ideal handeln, das man verfolgt, eine Leidenschaft, ein wichtiges anzustrebendes Ziel, einen tiefen und hartnäckigen Wunsch, eine dauerhafte Neigung der Seele, eine hinreißende Begeisterung für eine bestimmte Tätigkeit usw. Es kommt auch vor, dass man auf seine persönliche Lebensaufgabe aus dem Grund aufmerksam wird, weil man sie nicht entdeckt oder sich gegen sie gesperrt hat und deshalb von Langeweile, Bedauern, sentimentalem Heimweh, einem Gefühl der Leere, ständig wiederkehrenden Träumen oder Schuldgefühlen heimgesucht wird. Sogar wenn man seine Lebensaufgabe nicht erkannt oder verleugnet hat, bleibt sie weiterhin ein in der Finsternis strahlender Leuchtturm.

Die Vorstellung ist verbreitet, jeder Mensch wähle sich aus freien Stücken seine Lebensaufgabe. Richtiger wäre es, zu sagen: Die Lebensaufgabe wählt sich den Menschen. Lässt er sich auf sie ein, so wird sie ihm zur Seelenweisheit, führt ihn auf seinem Weg, warnt ihn rechtzeitig vor Zerstreuung und Abwegen. Sie ermutigt ihn, seine Energien auf bestimmte Ziele hin zu bündeln. Sie hilft ihm, die richtigen Entscheidungen zu treffen. Und schließlich ermöglicht sie es ihm, genau herauszufinden, wer beim Abenteuer seines Lebens seine wahren Mitarbeiter und Gefährten sind. Die Lebensaufgabe ist bei weitem mehr als ein Fund unter vielen anderen auf dem Lebensweg: Sie ist der Weg selbst.

Wie entdeckt man seine Lebensaufgabe?

Viele warten darauf, dass ihnen vom Himmel her ihre Lebensaufgabe offenbart werde, so als müsse ihnen unter Blitz und Donner der Finger Gottes erscheinen und genau auf den Weg zeigen, den sie wählen sollen. Zweifellos haben bestimmte Persönlichkeiten in der Geschichte ganz eindeutige Zeichen für ihre Aufgabe bekommen. Man denke an die Propheten der Bibel, Jesaja, Elija und Amos zum Beispiel, oder auch an Jeanne d'Arc, die eine Stimme vernahm, sie solle sich aufmachen und Frankreich retten.

Aber gewöhnlich wird einem auf viel unscheinbarere Weise und oft auf eigenartigen Wegen seine eigene Lebensaufgabe offenbart. So kann es sein, dass man ein Buch wiederentdeckt, das man schon lange in seiner Bibliothek unbeachtet hatte stehen lassen, oder dass man zufällig jemandem begegnet, der von etwas redet, das einen plötzlich packt; oder dass man sich zunächst etwas lustlos zu einem Kurs einschreibt, oder zufällig erfährt, dass eine bestimmte Ausbildung angeboten wird; oder man übernimmt eine Aufgabe, der man sich auf den ersten Blick nicht recht gewachsen fühlt; oder man wird krank, hat einen Unfall oder erlebt eine Scheidung. Man kann auch Zeuge unerträglicher sozialer Verhältnisse werden, die einen in tiefster Seele bewegen und aufwühlen. Alle diese Erlebnisse zwingen einen schließlich, seinem Leben eine neue Richtung zu geben.

Die eigene Lebensaufgabe kann sich auch so ankündigen, dass sie nicht äußere Zeichen verwendet, sondern seelische Zustände, die man zunächst zu missachten oder sogar zu leugnen geneigt ist: hartnäckige Überlegungen, die einem immer wieder durch den Kopf gehen, flüchtige Phantastereien, Wachträume, nachhaltige Interessen usw. Wenn man dann endlich irgendwann stehen bleibt, um alle diese subtilen inneren Regungen zu sichten und auszuwerten und sie als vielfältige Signale zu entziffern, entdeckt man die Umrisse seiner eigenen Lebensaufgabe. Das ist fast so, als wäre man blind einem Ariadnefaden gefolgt, der einen durchs Labyrinth der Ereignisse seines Lebens geleitet hat.

Zuweilen meldet sich die Tiefenorientierung der Seele auch auf eindrücklichere Weise. Sie kann dann die Form eines klaren Rufs annehmen, einer umwerfenden Gefühlsregung, einer jähen Inspiration, einer erhebenden Idee, eines genialen Gedankenblitzes, einer unverhofften Gelegenheit, einer unvorhergesehenen Begegnung, einer drängenden sozialen Lage usw.

Eines ist sicher: Auf seine Lebensaufgabe bereitet man sich streng genommen nicht selbst besonders vor. Vielmehr wird man nichtsahnend auf sie vorbereitet, etwa durch nicht immer vernünftige Entscheidungen, zaghafte „Ja", eine Krankheit, ein *burn-out*, seltsame Ereignisse … Erst im Nachhinein, viel später, wenn man auf den Verlauf seines Lebenswegs zurückschaut, stellt man fest, dass allem ein geheimnisvoller Plan zugrunde lag. Im Allgemeinen macht die Natur keine Sprünge, sondern versetzt den Menschen in die Lage, die wichtigen Übergänge in seinem Leben selbst zu schaffen. Ähnlich wie die regelmäßige Menstruation die Frau auf die Schmerzen des Gebärens vorbereitet, schulen die zahlreichen kleinen Trauerfälle des Lebens den Menschen darin, schließlich den großen Trauerfall des eigenen Sterbens annehmen zu können. Entsprechend wird der Mensch auch auf seine Lebensaufgabe vorbereitet: Wenn schließlich ihr Anruf ergeht, er solle einen wichtigen Schritt tun, kann sie auf die vielen vorausgegangenen kleinen „Ja" aufbauen, die es ihm jetzt leichter machen, auch dazu Ja zu sagen.

Lebensaufgabe und Identität

Der Hauptfaktor beim Entdecken der eigenen Lebensaufgabe ist die Selbsterkenntnis. Welche Form diese Aufgabe auch immer annehmen mag, sie wurzelt in der Identität des jeweiligen Menschen. In seinem hervorragenden Werk *Callings* beschreibt Gregg Levoy den Zusammenhang zwischen Berufung und Identität so: „Die Berufung ... reflektiert unsere grundlegenden Bedürfnisse und Instinkte, das heißt das *‚ich will'* unserer Seele. Sich gegen diese Anrufe zu sperren, heißt, sich gegen sich selbst zu sperren. Man vertraut dann nicht der eigenen tiefsten Intelligenz" (1997, 234).

Zuweilen hört man sagen: „Meine Lebensaufgabe besteht einfach darin, zu *sein.*" Der Umstand, dass dieser Ausspruch schön und brillant klingt, macht ihn trotzdem nicht wahrer. Die Lebensaufgabe erfließt aus dem Sein und ist nicht das gleiche wie dieses. Der alte philosophische Spruch *„Agere sequitur esse"* („Das Handeln folgt aus dem Sein") behält nach wie vor seine Aktualität.

Im 6. und 7. Kapitel wird das Thema der Identität weiter vertieft. Für den Augenblick möchte ich mich damit begnügen, deutlich darauf hinzuweisen, dass sich der Mensch, weil er sich ständig weiterentwickelt, auch immer wieder fragen muss: „Wer bin ich?" und seine Antwort immer wieder neu auf den aktuellen Stand bringen muss. Vor allem in Phasen des Übergangs ist es ungemein wichtig, dass man sich zeitweise aus seinen alltäglichen Aktivitäten zurückzieht, um in sich zu gehen und sich auf den Traum seiner Seele zu besinnen. Solche Augenblicke werden umso dringlicher, wenn man den Eindruck hat, auf der Stelle zu treten oder nur noch im Schneckentempo voranzukommen. Die Strömung eines Flusses scheint sich aufzulösen, wenn der Fluss zum See wird, aber tatsächlich bleibt sie immer aktiv. Auch die Arbeit auf dem Gebiet der eigenen Lebensaufgabe geht immer weiter, selbst wenn man zuweilen Halt machen muss, um sich intensiver auf sein tiefstes Wesen einzulassen.

Jeder Mensch verfügt über eine einmalige, unabänderliche und spezifische Identität. Das Gleiche gilt auch für seine Aufgabe in der Welt. Viktor Frankl hat das deutlich gesagt: „Jeder besitzt im Leben eine Berufung oder Sendung … von der Art, dass er einmalig und unersetzlich ist, denn sein Leben kann nie noch einmal wiederholt werden. Die Aufgabe jedes Menschen ist einmalig, in dem Sinn, dass einzig er diese einmalige Chance zu nutzen vermag."

Die Besonderheiten der persönlichen Lebensaufgabe

Seiner Lebensaufgabe entkommt man nicht

Es ist nicht möglich, von seiner Lebensaufgabe ganz abzuweichen oder sie völlig zu verändern. Selbst wenn der Fluss sich verbreitert oder enger wird, Umwege macht, sich in Mäandern verliert, in Sümpfen oder durch Wasserfälle über steile Felsen herab zu verschwinden droht, bleibt er immer der gleiche Fluss. Genauso verhält es sich mit der Lebensaufgabe. Man kann vor ihr fliehen, ihre Natur verkennen, meinen, man habe sie gefunden, weil man berühmt geworden ist, sie zwischen den vielfältigsten Aktivitäten versickern lassen. Was immer man als Ersatz dafür erfinden mag, um sich ihrer zu entledigen, welche Vorwände man auch geltend machen mag, um ihre Erfüllung aufzuschieben – sie verfolgt einen ständig weiter wie ein Phantom und lässt einem keine Ruhe, bis man ihr schließlich gehorcht.

Die Lebensaufgabe hat etwas ungemein Dauerhaftes an sich. Sie lässt sich im Lauf des Lebens nicht wesentlich ändern, auch wenn man sie präzisieren, konkreter werden lassen, ausweiten und mehr Menschen in ihren Genuss kommen lassen kann. Der weltberühmte Geiger Yehudi Menuhin konnte deshalb bestätigen: „Wenn ich auf meine sechzig Lebensjahre zurückschaue, bin ich vor allem von ihrem dynamischen Schwung fasziniert. Alles, was ich bin, denke oder tue und alles, was mir widerfahren ist, scheint bereits seit meiner Geburt festgelegt gewesen zu sein, mit der einfachen Klarheit eines geometrischen Beweises. Es ist seltsam, ja geradezu erschütternd, wenn man merkt, dass man dabei ist, etwas zu verwirklichen, was als Bestimmung vorgezeichnet zu sein scheint" (1975).

Mit anderen Worten: Wenn jemand in Kontakt mit seiner Lebensaufgabe bleibt, wird diese in seinem Leben zum Leuchtturm: Sie wird zur Weisheit der Seele und ermöglicht es ihm, die richtigen Entscheidungen zu treffen, sich wahre Freunde zu wählen und sich auf Aktivitäten einzulassen, die ihm zur Entfaltung verhelfen.

Jeder muss seine Lebensaufgabe selbst entdecken

Unsere Lebensaufgabe brauchen wir uns nicht selbst zu erschaffen, sondern es geht darum, dass wir sie sich in uns entwickeln lassen. Viktor Frankl sagt ausdrücklich, wir könnten sie keineswegs selbst erfinden, sondern lediglich entdecken. Er beschreibt sie als „einen Mentor oder inneren Sinn, ein Bewusstsein, das uns das Wissen um unsere eigene Einmaligkeit erschließt." Sie bricht auf wie eine Blume, taucht aus dem Inneren des Ich auf (oder besser: des Selbst, wie wir gleich genauer sehen werden) und gibt sich nach und nach zu erkennen. Selten kommt sie mit einem Schlag ans Licht, sondern sie entwickelt sich gewöhnlich ganz allmählich parallel zum Wachstum des gesamten eigenen Seins.

C. G. Jung sagte, er habe sich nicht imstande gefühlt, seiner Lebensaufgabe zu entkommen. Er fühlte sich von einem *Dämon* besessen (bei den Griechen *daimonion* genannt, bei den Lateinern *genius*), der ihn zum Handeln antrieb: „Es war ein Dämon in mir, und der war in letzter Linie ausschlaggebend. Er überflügelte mich, und wenn ich rücksichtslos war, so darum, weil ich vom Dämon gedrängt wurde. Ich konnte mich nie aufhalten beim einmal Erreichten. Ich musste weitereilen, um meine Vision einzuholen" (Jung 1971, 358).

Diese Entdeckung muss man ganz allein machen

Niemand kann uns unsere Lebensaufgabe enthüllen. Nur wir selbst sind in der Lage, sie zu entdecken. Dabei wäre es uns doch nur allzu willkommen, wenn uns jemand sicher sagen könnte, wozu wir berufen sind! Wir ertappen uns dabei, wie wir insgeheim hoffen, irgendein Weiser werde uns ganz genau eröffnen, was wir in unserem Leben ins Werk setzen sollten. Wir denken, es wäre doch ganz einfach, wenn uns unsere Eltern genau den Weg sagen würden, oder ein spiritueller Begleiter uns den Willen Gottes für uns offenbaren oder ein Psychologe dank seiner Tests uns die einzuschlagende Richtung nennen könnte, oder uns eine plötzliche Inspiration von allem Zweifeln und Zaudern befreien würde. Aber die eigene Lebensaufgabe lässt sich leider nicht auf diese Weise entdecken. Sie ergibt sich als Frucht eigener Mühe durch gründliches Nachdenken, Alleinsein und auch Furcht, sich zu täuschen. Mutter Teresa ließ sich nicht davon entmutigen, konsequent ihre Lebensaufgabe anzusteuern, sich der Sterbenden auf den Straßen Kalkuttas anzunehmen. Ihr spiritueller Leiter hatte ihr sieben Jahre lang davon abgeraten, aus ihrer Kommunität auszutreten. Sie blieb standhaft und ging zielstrebig ihren Weg. Glücklich der Mensch, dem es beschieden ist, auf seinem Weg einen weisen anderen Menschen zu finden, der ihn bei seiner Suche zu bestärken und seine Intuitionen bezüglich seiner Lebensaufgabe zu bestätigen vermag.

Wer teilt die Lebensaufgabe zu?

Gregg Levoy schreibt in seinem Buch *Callings*: „Wir werden uns dessen bewusst, dass unsere Tiefennatur, unsere Mitte oder der Gott in unserem Innersten die *Quelle* unserer Eingebungen ist" (1997, 324). Damit knüpft er an das Denken von C. G. Jung an, der das Selbst im Kern unseres Personseins als Spiegelung Gottes in uns *(imago Dei)* definierte. Für Jung ist das Selbst das Organisationsprinzip der gesamten Person; es ist zeitlos, zugleich jung und alt; es vereint in sich alle Züge des Männlichen und Weiblichen; es koordiniert die Heilungsprozesse unseres Seins; und nicht zuletzt verfügt es über das Wissen um unsere Lebensaufgabe.

In seinem Buch *The Sense of a Vocation* bemerkt Larry Cochran, dass die von ihm untersuchten Testpersonen auch dann, wenn sie von einem völlig profanen Hintergrund herkamen, stets auf Ausdrücke aus dem Bereich des Religiösen zurückgriffen und Wörter wie Berufung, Hingabe, Reinheit, Heiligkeit usw. verwendeten. Der gleiche Autor vergleicht die Erfahrungen, die man bei der Entdeckung seiner Lebensaufgabe macht, mit den bekannten psychospirituellen Gipfelerfahrungen (1990, 2).

Wäre Gott der unerbittlich seinen Willen aufzwingende Tyrann oder Diktator, als den man ihn oft vorgestellt hat, dann könnten wir kaum in aller Freiheit unsere Lebensaufgabe erfüllen. Wenn sich hingegen der Wille Gottes auf dem Weg über unsere menschlichen Talente, unsere Fähigkeiten, unsere tiefsten Sehnsüchte und unseren Freiheitsdrang äußern würde, könnten wir uns bei der Erfüllung unserer Lebensaufgabe einer geheimnisvollen Zusammenarbeit mit dem Willen Gottes erfreuen. In diesem Sinn schreibt Simone Pacot in ihrem Buch *Evangelisierung bis in die Tiefen des Herzens*: „Den Willen Gottes zu tun ist die persönliche Antwort eines jeden Einzelnen auf die Absicht Gottes. Jedes menschliche Wesen wird in seiner Einmaligkeit die Absicht Gottes entsprechend dem, was er ist, sichtbar machen, inkarnieren in einer ganz spezifischen Weise“ (1999, 132).

Die Lebensaufgabe wirkt zugleich anziehend und angsterregend

Wenn man sich von einer unwiderstehlichen Neigung, einem brennenden Interesse, einer hartnäckigen Faszination zu einer bestimmten Lebensweise oder Tätigkeit hingezogen fühlt, ist es unnütz, sich lange den Kopf über die Natur dessen zu zerbrechen, was man empfindet. Ein derart starker Zug offenbart eindeutig, dass sich hier in ihren Umrissen eine Lebensaufgabe meldet. Das Erstaunliche dabei ist, dass mit der Anziehungskraft, die man dabei verspürt, oft zugleich eine große Sorge einhergeht. Wenn man sich dessen bewusst wird, dass man eine Aufgabe zu erfüllen hat, fasziniert einen das, und zugleich macht es Angst.

Eine 55-jährige Frau verspürte den lebhaften Wunsch, sich als pastorale Beraterin ausbilden zu lassen und fragte mich, ob es normal sei, dass jemand in ihrem Alter eine solche Ambition habe. Seit sie sich ernsthaft mit diesem Vorhaben beschäftigte, fühlte sie sich ständig zwischen Begeisterung und Angst hin und her gerissen. Ich gab ihr zur Antwort, gerade dieses zwiespältige Gefühl bestätige die Echtheit ihres Vorhabens, denn es bringe deutlich den sakralen Charakter ihrer Absicht ans Licht. Bekanntlich definierte der Anthropologe Rudolph Otto das Heilige als *fascinosum et tremendum*, „das, was fasziniert und Schrecken einjagt".

Die Lebensaufgabe verlangt einen Totaleinsatz

Joseph Campbell gab jungen Erwachsenen, die ihn fragten, welche Richtung sie in ihrem Leben einschlagen sollten, zur Antwort: „Folgt dem, was euch anzieht bzw. was euch euer Glück verheißt." Dieser lapidare Rat skizziert ein ganzes Lebensprogramm. Auf den ersten Blick könnte man – zu Unrecht – meinen, von da an werde das gesamte weitere Leben in einem Zustand reinen Glücks verlaufen. Das hatte Campbell mit seinem Rat keinesfalls gemeint, denn er betonte, es bedürfe des *Mutes*, wenn man seinem Glück bis ans Ende auf der Spur bleiben wolle. Tatsächlich setzt die Suche nach der eigenen Lebensaufgabe einen ernsthaften Einsatz voraus, der an Verzichten (die man früher als „Opfer" bezeichnete) nicht vorbeikommt. Diese Verzichte haben nichts mit Masochismus zu tun, sondern es geht darum, auf bestimmte Güter zu verzichten, um an ihrer Stelle ein höheres Gut anzustreben, wie etwa die persönliche Entfaltung oder die Verwirklichung der eigenen Lebensaufgabe.

Ich kann hier aus meiner ganz eigenen Erfahrung sagen: Die Erfüllung der eigenen Lebensaufgabe erfordert einen Totaleinsatz. Als ich im Alter von 42 Jahren den Wunsch äußerte, noch Psychologie zu studieren, wollte man die Ernsthaftigkeit meiner Entscheidung und meines Engagements prüfen. Der innere Ruf, den ich in mir verspürte, wurde immer deutlicher und dringlicher. Ich verbrachte den besten Teil meiner Freizeit mit Lektüre zu dieser Thematik, nahm in ihr an Ausbildungsseminaren zum Therapeuten teil und empfing Klienten zur psychotherapeutischen Beratung.

Zunächst stieß ich auf den Widerstand meiner Oberen, die von meinem Vorhaben, mich auf diesem Gebiet zu vervollkommnen, nicht viel hielten. In der Folge nahm ich das Risiko hoher Kosten auf mich, um zu einer halbstündigen Aussprache nach San Francisco zu reisen, ohne zu wissen, ob ich an der Universität überhaupt zugelassen würde. Als das dann glücklicherweise der Fall war, wollte ich in San Francisco in einem Haus meiner Ordensgemeinschaft oder in einem Pfarrhaus wohnen, wie das meine Oberen ausdrücklich verlangt hatten. Aber überall sagte man mir kategorisch, man habe für mich keinen Platz. So mietete ich mich schließlich auf dem Campus mitten zwischen den Studenten ein, die ziemlich misstrauisch gegen sich zwischen sie drängende Erwachsene waren. Zudem musste ich gleich von Anfang an feststellen, dass meine Kenntnis des Englischen eindeutig unzureichend war. Hinzu kam noch die Schwierigkeit, einen Ort zufinden, an dem ich meinen Beruf ausüben konnte. Nachdem ich schließlich einen solchen gefunden hatte, musste ich ein ganzes Semester lang zwei Mal wöchentlich über zweihundert Kilometer zurücklegen, um dorthin zu gelangen. Ich will nicht alle die vielen weiteren Misslichkeiten aufzählen, die ich überwinden musste, um meinen Traum zu verwirklichen.

Mehr als einmal befiel mich der Zweifel: „Habe ich da etwas angepackt, das meine Kräfte übersteigt?“ Ich verdanke es meinen Spaziergängen entlang dem Meeresstrand, dass ich mich während des ersten Semesters ganz gut halten konnte. Im zweiten Semester gingen dann zu meinem großen Erstaunen plötzlich alle Türen für mich auf: Mein Englisch hatte sich verbessert; ich verfügte nur wenige Schritte von der Universität entfernt über einen Ort, an dem ich meinen Beruf ausüben konnte; ich hatte äußerst sympathische Kameraden gefunden; ich wurde von gastfreundlichen Familien eingeladen; ich profitierte ganz gewaltig von meinen Kursen. Im Lauf der Zeit versöhnten sich sogar meine Oberen mit meinem

Vorhaben, weiter zu studieren. Da habe ich begriffen, dass, wenn man nur fest daran glaubt, das Mögliche oft jenseits des Unmöglichen auf einen wartet.

Die Lebensaufgabe öffnet einen für die anderen

Je mehr man sich selbst zu lieben lernt, desto mehr lernt man auch, die anderen zu lieben. Dieses Paradox verblüfft mich immer wieder. Auch die Verwirklichung der eigenen Berufung hat etwas Paradoxes an sich. Wer seine eigene Lebensaufgabe findet und sich ihr ganz hingibt, leistet damit unvermeidlich auch der Gemeinschaft seiner Mitmenschen einen wichtigen Dienst. Da man seine eigenen Talente nicht im geschlossenen Kämmerlein in die Tat umsetzen kann, geht es gar nicht anders, als dass auch andere etwas davon haben. Der Geist der Kreativität, der bei der Verwirklichung der eigenen Lebensaufgabe im Spiel ist, wirkt auf die Umgebung anziehend. „Sobald sich eine Blüte öffnet, zieht sie die Bienen an", schrieb der Dichter Kabir. Es gibt nichts, was mehr anzieht und beflügelt, als der Anblick eines Menschen, der seine wertvollsten Kräfte aufbietet und in die Tat umsetzt.

Auch William James spricht davon, wie sich unser innerer Zustand auf unser äußeres soziales Umfeld auswirkt: „Die große Revolution, die unsere Generation erlebt hat, besteht in der Entdeckung, dass der Mensch, indem er seine inneren Einstellungen ändert, auch die äußeren Umstände seines Lebens zu verändern vermag." Wenn man also seine Lebensaufgabe entdeckt und sich daran macht, sie tatkräftig ins Werk zu setzen, hat das unvermeidlich eine geheimnisvolle und unvorhersehbare Ausstrahlung auf das ganze eigene Leben und dann auch auf die gesamte eigene Umgebung zur Folge.

2
Wie wichtig es ist, seine Lebensaufgabe zu entdecken

Der kleine Junge betrachtete den Stern
und fing zu weinen an.
Der Stern fragte ihn: „Warum weinst du?“
Der Junge gab zur Antwort: „Weil du so weit fort bist
und ich dich nie berühren kann!“
Da erwiderte der Stern:
„Kleiner, wenn ich nicht schon in deinem Herzen wäre,
dann könntest du mich gar nicht sehen!“

John Magliola

Jedes Mal, wenn man jemanden nach seiner Lebensaufgabe fragt, rührt man an eine geheimnisvolle Schicht, die sich nicht befriedigend erklären lässt. Wie sollte man je ergründen, was sich nun eigentlich genau bei denen abgespielt hat, die ihre Lebensaufgabe erfüllt, und bei denen, die sie im Gegenteil nicht wahrgenommen haben? Zunächst soll die Rede von denen sein, die zum Ruf ihrer Seele „Ja“ gesagt und sich auf die Umstände und Folgen dieses Jaworts eingelassen haben. Im folgenden Kapitel soll es dann um die gehen, die ihre Lebensaufgabe nicht erfüllen konnten oder wollten.

Die besonders günstigen Zeiten für das Entdecken der eigenen Lebensaufgabe: die Pubertät und die Lebensmitte

Vielen scheint sich ihre Lebensaufgabe schon sehr früh zu zeigen, nämlich bereits in der Kindheit oder Pubertät. Ich habe Priester und Ordensleute kennen gelernt, die sich bereits im Alter von sieben oder acht Jahren ihrer Berufung sicher waren. Oder mir sind Erzieher begegnet, deren Kinderspiele bereits deutlich ihre Zukunft als Lehrer oder Erzieher ankündigten. Menschen mit einem besonderen Talent, zu dem noch eine echte Leidenschaft hinzukam, wurden sich ihrer Lebensaufgabe bewusst, als wäre es eine Vorausbestimmung, der sie unbedingt folgen mussten. Man denke etwa an Mozart oder an die vielen anderen jungen Musiker, deren musikalisches Talent sie bereits von frühesten Jahren an für ihre Zukunft prädestiniert.

Es gibt im Leben zwei klar auszumachende Phasen, während deren sich das Bedürfnis, seine Lebensaufgabe zu erfüllen, eindringlicher, ja geradezu zwingend auferlegt: diejenigen der Pubertät und der Lebensmitte.

Die Intuitionen der Pubertätszeit

Die Pubertät erweist sich als eine für Intuitionen bezüglich seines Lebensentwurfs besonders fruchtbare Zeit. Zur Veranschaulichung des entscheidenden Ereignisses, das in der Pubertät stattfinden kann, erzählt Robert Johnson in seinem Buch *Der Mann, die Frau* den Mythos vom Fischerkönig nach. Der König hat sich im Wald verirrt und ist ausgehungert, als er eine Lachsforelle sieht, die auf einer Kohlenglut brät. Er will sie ergreifen, verbrennt sich dabei die Finger und führt diese unwillkürlich zum Mund; dabei verkostet er ein Stück des Fischs. Durch dieses Erlebnis wird er derart verwandelt, dass er nie mehr der gleiche wie vorher ist. Johnson sieht darin das Drama des Pubertierenden, der verfrüht sein eigenes Wesen „verkostet", wobei der Fisch hier sein Selbst darstellt. Diese umwerfende Offenbarung seiner Identität erweist sich als Erfahrung, die der Heranwachsende wegen seines jungen Alters noch nicht erfassen kann.

Johnson schreibt dem Großteil der Pubertierenden das Phänomen dieser symbolischen Verbrennung zu; sie blieben alle von dieser Offenbarung ihrer Tiefennatur und den Möglichkeiten ihrer Lebensaufgabe beunruhigt. Widerfährt es nicht tatsächlich zahlreichen Jugendlichen, dass ihnen in flüchtigen Augenblicken ihr spirituelles Wesen und ihre Zukunft kurz einmal aufgehen? Während eines Treffens, an dem ich teilnahm, diskutierte eine Gruppe Jugendlicher darüber, wie sie bestimmte Vorzeichen ihrer Berufung wahrgenommen hätten. Mehrere gestanden, sie hätten Gipfelerfahrungen *(peak experiences)* gehabt, bei denen sie deutlich in ihre Zukunft hätten sehen können.

Leider vergessen oder missachten die meisten diese ihnen in der Pubertät zuteil gewordenen Intuitionen, diese mystischen Lichtblitze bezüglich ihrer Zukunft. Erwachsen geworden, lassen sie sich ganz von der Sorge in Beschlag nehmen, den Ansprüchen ihrer Gesellschaft gerecht zu werden. Dann studieren sie zum Beispiel Pflichtfächer, die sie eigentlich gar nicht richtig interessieren, lassen sich auf den allgemeinen Konkurrenzkampf ein, sehen zu, dass sie für sich und ihre Familie den Lebensunterhalt verdienen, erfüllen eine bestimmte soziale Rolle, häufen Geld an, haschen nach Posten, die ihnen Ansehen verleihen. So lassen sie sich von lauter Beschäftigungen in Beschlag nehmen, die der tiefsten Neigung ihrer Seele ganz zuwiderlaufen.

Ich bin übrigens einer Meinung mit Jean Cocteau, wenn er sagt: „Je älter ich werde, desto deutlicher sehe ich, dass eines nicht altert: unsere Träume." Und ich möchte sogar hinzufügen: Unsere „Jugendträume" altern nicht.

Die Krise der Lebensmitte

Die Lebensmitte stellt eine weitere bevorzugte Phase dafür dar, sich seiner Lebensaufgabe bewusst zu werden. Zur Beschreibung der Situation der Menschen, die bis dorthin gekommen sind, verwendet der Anthropologe und Mythenforscher Joseph Campbell den folgenden Vergleich: „Während unserer ersten 35 oder 40 Lebensjahre haben wir uns bemüht, eine lange Treppe hinaufzusteigen, um den obersten Stock eines Gebäudes zu erreichen. Sind wir dann endlich unter dem Dach angelangt, stellen wir fest, dass wir uns im Gebäude geirrt haben."

In der Lebensmitte wechselt man auf den gegenüberliegenden Hang seines Daseins; man neigt dann dazu, die Bilanz dessen zu ziehen, was man bislang vollbracht hat. Man glaubt, jemand zu sein, weil man sich in der Gesellschaft seinen Platz erworben hat. Man lässt rückblickend Revue passieren, was man alles verwirklicht, was man in der Liebe erlebt hat, welche frohen und welche traurigen Zeiten man hatte, welche Erfolge und Misserfolge, welche Hoffnungen sich erfüllt haben und welche Träume enttäuscht blieben. Nur sehr wenige empfinden dabei volle Zufriedenheit mit sich selbst. Die meisten kommen zum Schluss, viele Träume seien unerfüllt, Ideale nicht erreicht, Hoffnungen zunichte geworden. Oft verschärft auch noch der Gedanke an den Tod das Gefühl, sein Leben verpfuscht zu haben. Dann versuchen nicht wenige in einer Art Torschlusspanik, noch einmal jung zu werden und von vorne anzufangen. Manche wechseln dann aus diesem Grund den Beruf oder brechen aus ihrer Ehe aus und suchen sich als Partnerin oder Partner jemand wesentlich Jüngeren; wieder andere ändern völlig ihren Lebensstil. Die beunruhigende Vorstellung, ihre Lebensaufgabe nicht erfüllt zu haben, treibt etliche dazu an, in ihrem Leben zahlreiche Änderungen vorzunehmen. Aber oft täuschen sie sich in der Wahl dessen, was nun eigentlich anders werden müsste. Sie begnügen sich damit, äußerliche Dinge umzukrempeln, statt sich die grundsätzlicheren Fragen zu stellen: „Wer bin ich?", „Worin besteht mein Lebenstraum?" und „Was möchte ich aus der Zeit machen, die mir zum Leben noch bleibt?"

Statt der Versuchung zu erliegen, noch einmal im Äußeren die Anläufe ihrer Jugendzeit zu wiederholen, sollten die Erwachsenen in der Lebensmitte lieber damit anfangen, sich auf ihre eigenen inneren Tiefen einzulassen. Die Herausforderung für diese Altersgruppe besteht nämlich gerade darin, gründlicher das Gelände auf ihrer Schattenseite zu erkunden, dieses Universum von Möglichkeiten, das sie aus lauter Angst, von ihrer Umgebung abgelehnt zu werden, in ihr Unbewusstes abgedrängt hatten.

Als Ergebnis einer Reihe von Therapiesitzungen war ein Mann mittleren Alters zum Schluss gekommen, zu seiner Selbstentfaltung müsse er sich eine Geliebte nehmen. Seine Psychotherapeutin vermochte seine Aspirationen nicht deutlich genug zu durchschauen, bekam Zweifel, ob er den richtigen Weg einschlage und bat mich um Rat. Meiner Ansicht nach handelte es sich dabei um den klassischen Fall eines Menschen, der seine innere Leere mittels einer äußeren Maßnahme auszufüllen versuchte. Dieser Mann musste in Wirklichkeit lernen, seine eigenen weiblichen Seiten zu entfalten, die er bislang missachtet hatte. Wenn es ihm gelingen würde, seinen weiblichen Schatten zu integrieren, könnte er in lebendigeren Kontakt mit seiner eigenen Gefühlswelt und Sensibilität kommen und gerade dadurch genauer entdecken, was er eigentlich vom Leben erwartete. Im 6. Kapitel dieses Buchs wird ausführlicher vom Schatten und seiner Reintegration die Rede sein.

Das Erkennen der eigenen Lebensaufgabe ist nicht auf ein bestimmtes Lebensalter beschränkt

Manche fragen sich zuweilen, ob es eine Altersgrenze gebe, ab der es zu spät sei, seine Lebensaufgabe zu erfüllen. Die gibt es auf keinen Fall! In den Pyramiden hat man Getreidekörner gefunden, die schon mehrere tausend Jahre alt waren und trotzdem noch zum Keimen gebracht werden konnten. Ebenso ist es nie zu spät, sich aufzumachen, um seine Lebensaufgabe zu verwirklichen. Die Fülle an Ressourcen und Freizeit, die unsere derzeitige Kultur bietet, eröffnet dafür ein nahezu grenzenloses Spektrum von Möglichkeiten, die heutzutage viele Tausende von Menschen im Ruhestand, die sich noch ausgezeichneter Gesundheit erfreuen, ausgiebig nutzen können. Ihnen allen bietet sich die einmalige Gelegenheit, noch viel von dem nachzuholen, was sie bezüglich ihrer Lebensaufgabe bislang versäumt hatten. Es kommt alles darauf an, dass sie sie tatsächlich nutzen und sich dadurch entfalten, statt sich womöglich nur in Zerstreuungen zu verlieren, um der Depression zu entgehen und die Aussicht auf den Tod zu überspielen.

Die Lebensaufgabe als wichtiger Antrieb, spirituell zu reifen

Die Lebensaufgabe gibt dem Leben einen Sinn

Wer seine Lebensaufgabe erfüllt, gewährleistet damit, dass sein Leben einen Sinn erhält. Dabei entdeckt er die tiefsten Wünsche seiner Seele, und dadurch sieht er klarer einen Grund für sein Dasein. Das schenkt obendrein das Gefühl, dass man wirklich man selbst ist, dass das ganze eigene Sein aus einem Guss ist und dass man ein authentisches Leben führt. Schließlich schenkt es auch die Befriedigung, einen wohltuenden Einfluss auf seine Umgebung auszuüben.

Ein von einem derartigen Empfinden der Fülle geprägtes Dasein unterscheidet sich stark von jenem Gefühl existenzieller Leere, das viele unserer Zeitgenossen plagt. Dieses Unbehagen der Seele, dieses Empfinden eines mangelhaften Daseins, wie es Menschen überkommt, die für ihre Leben keinen Sinn gefunden oder ihm keinen solchen gegeben haben, bezeichnet Viktor Frankl als „existenzielle Leere" oder „existenzielle Frustration". Die Menschen reagieren auf diese innere Leere auf unterschiedliche Weisen: Die einen erklären das Leben für absurd und spielen mit dem Gedanken an den Selbstmord als Ausweg aus ihrer Not; die anderen verlegen sich ganz darauf, die Leere ihres Daseins mit irgendwelchen Ersatzinhalten auszufüllen: mit Alkohol, Drogen, Glücksspielen, erotischen Unternehmungen oder fieberhafter Zerstreuung. Andere schließlich fliehen vor dem Schweigen und der Einsamkeit in ständigen Aktivismus. Simone Weil meinte, sie alle verhielten sich wie Selbstmörder: „Ein Dasein, das es sich zur Aufgabe macht, vor dem Leben zu fliehen, besteht genau besehen darin, den Tod zu suchen."

Die augenfälligste Auswirkung dieser existenziellen Leere auf die Psyche ist eine hartnäckige Langeweile in Form einer Art von Fieberzustand der Seele, der die Entfaltung der psychischen und spirituellen Anlagen des betreffenden Menschen lähmt. Diese Langeweile befällt nicht nur den emotionalen Bereich, sondern den gesamten Menschen. Von dieser Lähmung werden sogar seine Körperzellen befallen und bekommen auf diese Weise die Lethargie der Seele zu spüren. Statistiken belegen, dass sich besonders viele Herzattacken am Montagmorgen ereignen, wenn die Menschen wieder zur Arbeit gehen. Eine wichtige Ursache für dieses Phänomen könnte die Verdrossenheit etlicher Angestellter sein, die ihre Arbeit wie einen Klotz am Bein empfinden.

Im Gegensatz dazu findet der Mensch, der seine Lebensaufgabe gefunden hat, darin Gründe, die das Leben lohnen und mit Freude erfüllen, ganz gleich, auf welche Hindernisse und Schwierigkeiten er stoßen oder was für Schweres ihm zugemutet werden mag. In diesem Zusammenhang zitierte Viktor Frankl gern den Ausspruch von Nietzsche: „Wer ein Warum zu leben hat, erträgt fast jedes Wie.“ Frankl vermochte aus seinem eigenen Leben zu bestätigen, dass diese Behauptung stimmte: Um seine entsetzlichen Erlebnisse im Konzentrationslager zu überleben, hatte er es fertiggebracht, sich unablässig einen Grund vor Augen zu halten, weshalb er leben wolle.

Das Verfolgen der eigenen Lebensaufgabe führt zur Weisheit

Wenn ein Mensch seine eigene Berufung entdeckt, wirkt sich das klärend auf alle seine Lebensbereiche aus. Seine Lebensaufgabe hilft ihm, weise zu werden. Sie leitet ihn dazu an, alles beiseite zu lassen, was ihn von seinem Lebensvorhaben abhalten könnte, und seine Energien und Fähigkeiten voll für dieses einzusetzen. Vor allem schaltet sie alle möglichen Ablenkungen aus, die Verführungen des Augenblicks, sinnlose Zerstreuungen und das sich Verlieren in allen möglichen Belanglosigkeiten. Außerdem macht sie ihn weniger anfällig für üble Nachrede oder falsche Propheten. Kurz: Dank der Konzentration auf die eigene Lebensaufgabe wird alles, was die Entfaltung des Menschen behindert, zurückgedrängt.

Die Menschen, die nicht für ihre Lebensaufgabe leben, erkennt man leicht an bestimmten Anzeichen: Sie sind überempfindlich, können nicht zwischen Wesentlichem und Unwesentlichem unterscheiden und verlieren sich in einem hemmungslosen Aktivismus. Genau wie die Mücke in der Fabel von La Fontaine glauben sie, nur sie leisteten etwas Erhebliches; den anderen werfen sie vor, nichts zu tun. Zudem werden sie leicht zu Opfern von Ansprüchen aus ihrer Umgebung. Solche Menschen enden schließlich als Opfer des *burn-out*-Syndroms, weil sie es versäumt haben, früh genug auf die Wünsche aus ihrer eigenen inneren Tiefe zu hören und sich von ihnen leiten zu lassen. Wer sich nicht der Leitung durch seine Lebensaufgabe anvertraut, kann damit rechnen, in ein Desaster zu geraten. (In diesem Wort steckt übrigens ein vielsagendes Bild: Das lateinische Wort *astrum* heißt „Stern“, und folglich bedeutet Desaster wörtlich: von seinem eigenen guten Stern abweichen und sich in der Finsternis verirren.)

Wer seine Lebensaufgabe verwirklicht, ist dagegen gefeit, sich selbst für minderwertig zu halten

In unserer Zeit ist das Bemühen um ein gesundes Selbstwertgefühl ein wichtiges Thema. Es kann zwei verschiedene Quellen haben: Man schätzt sich selbst als wertvoll ein entweder auf Grund dessen, was man *ist* oder auf Grund dessen, was man *tut*. Diese einfache Unterscheidung hilft, sich aus jener theoretischen Diskussion um das Selbstwertgefühl herauszuhalten, in der einerseits behauptet wird, es bestehe darin, sich grundsätzlich wohl zu fühlen *(feeling good)*, und andererseits, es handle sich dabei um die Fähigkeit zu produktivem und schöpferischem Tun. Die eine Definition bewegt sich also in der Kategorie des Seins, die andere in der des Handelns. Die Lebensaufgabe, wie wir sie hier verstehen, ergibt sich vor allem aus dem Selbstwertgefühl auf Grund des eigenen Handelns.

Delphine Martinot bemerkt in ihrem Buch *Le Soi*, ein schwaches Selbstwertgefühl hindere den Menschen daran, sich auf kalkulierte Risiken einzulassen. Wer darunter leidet, wagt es nicht, sich einem Risiko auszusetzen, zu scheitern, sich lächerlich zu machen, enttäuscht oder getadelt zu werden. Er würde in solchen Situationen am liebsten im Erdboden versinken. Was jedoch am besten sein von der Versagensangst angeschlagenes Ich stärken könnte, wären die Entdeckung seiner Lebensaufgabe und das Bemühen, diese zu erfüllen. Schon der geringste kleine Erfolg bei der Verwirklichung der eigenen Lebensaufgabe stärkt das Selbstwertgefühl und ermutigt zu weiteren Initiativen. Nach und nach schwindet die Angst vor dem Risiko und weicht dem Selbstvertrauen.

Aus der Psychologie weiß man, dass der Hauptfaktor für die Ausdauer bei der Verwirklichung einer Aufgabe das Selbstvertrauen ist. Dieses erwirbt und bewahrt man sich dank der Hoffnung, es zu schaffen. Beim Anpacken der eigenen Lebensaufgabe verstärken sich das Selbstvertrauen und die Selbstverwirklichung gegenseitig. Wenn beides zusammenwirkt, verleiht das den erforderlichen Mut und die Kühnheit, sich auf seine Lebensaufgabe einzulassen und sich mit Ausdauer um ihre Erfüllung zu bemühen.

Selbstwertgefühl und Lebensaufgabe sind also ganz eng miteinander verknüpft und beeinflussen einander gegenseitig: Je mehr Selbstvertrauen man hat, mit desto größerer Ausdauer widmet man sich der Verwirklichung einer Arbeit oder eines Berufs, denn man spürt dann, wie man sich dabei verwirklicht und entfaltet. Je deutlicher man den Eindruck hat, dass man intensiv mit der Verwirklichung seiner Lebensaufgabe beschäftigt ist, desto mehr nimmt auch das Selbstvertrauen zu, und man fühlt sich dann motiviert, seine Initiativen bis zum Schluss durchzuziehen.

Während meiner Zeit als Lehrer an einer höheren Schule musste ich immer wieder staunen, wie Schüler, die im normalen Unterricht notorische Faulpelze waren, sich auf Gebieten, die nicht direkt etwas mit der Schule zu tun hatten, mit erstaunlichem Einsatz entfalten konnten. Auf den Unterrichtsstoff konnten sie sich nie richtig konzentrieren, aber sie konnten Stunden damit verbringen, Briefmarkensammlungen aufzubauen, komplizierte Handbücher für irgendwelche Geräte zu studieren, sich unzählige Namen und Leistungen von Sportgrößen zu merken usw. Mittels solcher Tätigkeiten, die sie mit Leidenschaft verfolgten, nährten diese Schüler ihr Selbstwertgefühl.

Den „Abhängern", den Jugendlichen, die die höhere Schule vor dem Schulabschluss verlassen, fehlt ein interessantes Ziel für ihr Leben, und deshalb verlieren sie den Mut. Es wäre also äußerst wichtig, ihnen dabei zu helfen, ihre Lebensaufgabe zu entdecken. Dadurch könnten sie mehr Selbstvertrauen fassen und folglich auch beim Lernen durchhalten.

Wer sich ernsthaft auf seine Lebensaufgabe einlässt, erlebt, dass ihm die ganze Welt zu Hilfe kommt

Albert Einstein sagte einmal, die grundsätzliche Frage, die man sich im Leben stellen müsse, laute: „Ist das Universum mir freundschaftlich zugetan oder nicht?" Die folgende Erzählung veranschaulicht gut, wie sich meiner Überzeugung nach das Universum, die ganze Welt, als „freundschaftlich" erweist und man von seiner Umgebung unterstützt wird, wenn man seine Lebensaufgabe ernst nimmt.

Frédéric, ein Freund von mir, hatte sehr stark den Zug verspürt, sich um Menschen zu kümmern, die eine große Trauer zu bewältigen hatten. Sollte er seine Stelle als Lebensberater aufgeben, mit dem er finanziell sehr gut abgesichert war? Sollte er sich auf die Arbeit als Psychotherapeut mit Trauernden einlassen und so eventuell einen drastischen Einkommensrückgang in Kauf nehmen? Schon beim bloßen Gedanken, seine Arbeitsstelle zu wechseln, befiel ihn Panik. Würde es ihm gelingen, seinen Lebensunterhalt und auch den für seine Familie zu verdienen? War das ein unrealistischer Traum, eine vorübergehende Anwandlung? Was würden die anderen dazu sagen? Würde er diesen Schritt für den Rest seines Lebens bedauern?

Schließlich, nach langem, von Ängsten erfülltem Hin und Her und nachdem Frédéric ausführlich mit seiner Familie und einigen Freunden darüber gesprochen hatte, wagte er den Sprung. Er kündigte endgültig seine Stelle, ließ sich in Trauertherapie ausbilden und bot in seiner Gemeinde seine Dienste an. Zwar lief seine Arbeit zunächst wenig verheißungsvoll an, aber schließlich konnte er sich doch eine solide Klientel aufbauen. Hierauf begann er mit Vorträgen zu dieser Thematik. Damit erwarb er sich rasch einen internationalen Ruf als Ausbilder von Trauerbegleitern. Er schuf neue Therapiemodelle für Trauernde, die er demnächst in einem Buch veröffentlichen will. Das „Ja“ zu seiner Lebensaufgabe, zu dem er sich durchgerungen hatte, trieb ihn in eine ganze Reihe Abenteuer mit glücklichem Ausgang und in begeisternde Projekte. Die Wirklichkeit überholte seine kühnsten Träume. Da er sich mit Leib und Seele auf einem ihn faszinierenden Gebiet eingesetzt hatte, kam ihm die ganze Welt freundschaftlich entgegen.

Ganz im Unterschied zu ihm betrachten viele Menschen die gesamte Welt als eine bedrohliche Wirklichkeit, gegen die man sich schützen muss. Sie verspüren das starke Bedürfnis, sich abseits zu halten, niemandem und nichts Vertrauen zu schenken, sich gut zu verschanzen und vor allem keine Risiken einzugehen. Heutzutage wird die Lebensart immer verbreiteter, sich wie in einen Kokon einzuspinnen (weshalb sie als *cocooning* bezeichnet wird). Dabei zieht man sich in eine kuschelige, gut geschützte Welt zurück und schließt alle jene Risiken aus, die dem Leben erst seinen Reiz verleihen.

Der bekannte ökologische Theologe Thomas Berry hat drei Grundregeln ausgemacht, die der gesamten Schöpfung zugrunde liegen: die Diversifizierung der Lebewesen, die Verinnerlichung und die Kommunion. Seit Jahrmillionen hat sich die Welt unter anderem durch eine immer größere Vervielfältigung von Pflanzen- und Tierarten angereichert. Um sich zu *differenzieren*, brauchen sich die Pflanzen und Tiere lediglich den in die Naturgesetze und in ihre Instinkte gelegten Abläufen zu überlassen. Auch jeder Mensch ist berufen, sich zu seiner eigenen einmaligen Gestalt auszudifferenzieren, aber er muss das unter Einsatz seines freien Urteilsvermögens und seiner Kreativität tun. Jedes Mal also, wenn jemand in Freiheit seine Lebensaufgabe erfüllt und dadurch seine Talente und seine Originalität entwickelt, wird er zum Mitschöpfer und Mitarbeiter der Schöpfung. Er bereichert die Welt mit seinem einmaligen Beitrag, den niemand anderer zu leisten vermag. Statt den Spruch zu zitieren: „Niemand ist unersetzlich", sollte man richtiger sagen: „Jeder Mensch ist unersetzlich." Jedes Menschenwesen ist nämlich berufen, seinen ganz persönlichen Lebensauftrag zu erfüllen, den einzig und allein es selbst erfüllen kann. Das Universum verarmt, sooft eine Pflanzen- oder Tierart verschwindet; erst recht verarmt es, wenn ein bestimmter Mensch seine Lebensaufgabe nicht sieht oder sich dagegen sperrt, sie zu erfüllen.

◆ ◆ ◆

Hier noch einmal kurz und knapp das Wesentliche aus diesen ersten Überlegungen darüber, wie wichtig es ist, sich an seinen Lebensentwurf zu halten.

Es gibt zwei Phasen, während deren man besonders stark den Ruf zu seiner persönlichen Lebensaufgabe verspürt: die Pubertät und die Lebensmitte.

Für das Erfüllen seiner Lebensaufgabe gibt es keine Altersgrenze, denn die Lebensaufgabe ist für immer im Menschen angelegt und wartet darauf, angepackt zu werden.

Wenn man sich an die Erfüllung seiner Lebensaufgabe macht, schenkt einem das einen Grund zum Leben und verleiht dem Leben einen Sinn.

Wenn man seine Lebensaufgabe entdeckt, steigert dies das Selbstwertgefühl und das Selbstvertrauen.

Folgt man seinem Lebensentwurf, so erlebt man Dinge, die man nie geglaubt hätte. Zur Verwirklichung seiner Lebensaufgabe schließt man sich an das „Energiefeld" des Universums an.

Indem man dem aus den Tiefen seines eigenen Seins ergehenden Ruf Folge leistet, tritt man schließlich in die Bewegung der Mitschöpfung des Universums ein. Man erhält Anteil an jener universalen Intelligenz und Weisheit, die man „Vorsehung" nennt.

3
Die Menschen, die sich ihrer Lebensaufgabe verweigern

Mein Herz hat Angst davor, leiden zu müssen,
sagte der junge Mann zum Alchimisten
eines Nachts, als er zum mondlosen Himmel aufblickte.

– Sage ihm, dass die Angst vor dem Leiden
schlimmer ist als das Leiden selbst.
Und dass nie ein Herz wirklich gelitten hat,
solange es seinen Träumen auf der Spur blieb.

Paulo Coelho, Der Alchimist

Wie ist es zu erklären, dass manche ihre Lebensaufgabe entdecken und andere niemals? Das bleibt ein Geheimnis. Was immer die Gründe dafür sein mögen, wir werden hier jedenfalls die Hindernisse erörtern, auf die man stößt, wenn man sich vornimmt, seine Lebensaufgabe herauszufinden.

Menschen, die sich nicht um ihre Lebensaufgabe gekümmert haben

Diejenigen, die ihre Lebensaufgabe nicht entdeckt haben, lassen sich in fünf Kategorien einteilen. 1. gibt es zunächst diejenigen, die gar nicht wissen, dass sie eine Lebensaufgabe haben oder die an so etwas nicht glauben. 2. gibt es solche, die vergeblich nach ihrer Lebensaufgabe suchen, weil sie nicht wissen, wie sie das eigentlich anstellen sollen. 3. gibt es diejenigen, die nicht den Mut haben, sie anzupacken, und sich mit Kompromissen diesem Anspruch entziehen. 4. gibt es wieder andere, die ihre Lebensaufgabe zwar gefunden, aber dann in der Folge doch wieder aufgegeben haben.

Und 5. schließlich gibt es noch Menschen, die ihre Lebensaufgabe entdeckt haben, sich aber rundweg weigern, sich ihr zu stellen.

1. Bei der ersten Kategorie handelt es sich also um Menschen, die gar nicht wissen, dass sie eine Lebensaufgabe haben. Ihr Leben spielt sich leidenschaftslos ab; die Alltagsroutine Arbeit – Freizeit – Schlafen scheint ihnen zu genügen. Doch selbst wenn ihnen ihre Lebensaufgabe völlig abgeht, beunruhigt sie sie trotzdem immer wieder, und zwar in Form von flüchtigen, quälenden Alpträumen. Sie empfinden ein verschwommenes Unbehagen, das sich zuweilen bis zu Angstanfällen und Überdruss am Leben steigern kann. Manche sagen sich dann vielleicht: „So ist es halt, das Leben!" Sie haben ihre Lebensaufgabe tief in ihrem Unbewussten vergraben, so sehr, dass sie schließlich zum Bestandteil ihres Schattens wird.

Bei meinen Vorträgen über das Thema der persönlichen Lebensaufgabe staune ich immer wieder, wie sich die Gesichter der Zuhörer aufhellen, ihr Interesse lebhaft erwacht und sie geradezu eine Begeisterung erfasst. Ich habe den Eindruck, als offenbarte ich ihnen ein tief im Grunde ihres Herzens verborgenes Geheimnis. Ein junger Mann vertraute mir kürzlich an: „Ihre Ausführungen darüber, dass jeder Mensch in sich eine Lebensaufgabe trägt, hat mein Leben verändert. Das wollte ich Ihnen unbedingt sagen."

2. In die zweite Kategorie gehören die Menschen, die bei der Entdeckung und Ausführung ihrer Lebensaufgabe auf Schwierigkeiten stoßen. Diese Hindernisse behandle ich im ganzen Verlauf dieses Buches, und insbesondere im letzten Teil des vorliegenden Kapitels. Denjenigen, die noch mehr über die möglichen Widerstände erfahren möchten, empfehle ich das Buch von Barbara Sher, *Vom Wunschtraum zur erfüllten Lebensgestaltung (Tübingen 2. Aufl. 2001)*, die darin auch praktische Methoden dafür bietet, wie man sie überwinden kann.

3. Statt sich auf ihre Lebensaufgabe einzulassen, begnügen sich die Menschen der 3. Kategorie mit Kompromissen. So wird vielleicht einer, der berufen wäre, Künstler zu werden, zum Kunstkritiker.

Oder ein potenzieller Historiker begnügt sich damit, Journalist zu werden, der über alles Mögliche schreibt. Wieder ein anderer, den der Drang zum Schreiben umtreibt, nimmt eine Stelle in einem Verlag an. Oder der Zölibatär, der gern eigene Kinder hätte, verlegt sich darauf, die Kinder anderer zu erziehen. Manche versuchen auch, ihrer Lebensaufgabe auf die Weise zu genügen, dass sie sich einen Lebensgefährten wählen, der vertretungsweise für sie diese Aufgabe erfüllt. Das war der Fall bei einer Frau, die eindeutig über eine künstlerische Begabung verfügte, aber nicht selbst malte, sondern einen Maler heiratete. Nachdem sie sich der unbewussten Motive dieses Schrittes bewusst geworden war, fing sie an, Malkurse zu besuchen, was ihren Mann ungemein verdross, weil er meinte, sie liebe ihn nicht mehr.

4. Im Lauf der Seminare, die ich über die Entdeckung der eigenen Lebensaufgabe gehalten habe, bin ich Menschen begegnet, die zunächst ihre Lebensaufgabe gefunden, sie jedoch in der Folge wieder vernachlässigt hatten. Diese Menschen gehören in die 4. Kategorie. Ich nenne einige Beispiele. Bei der genaueren Ergründung ihrer Lebensaufgabe wurde einer jungen Frau klar, dass sie eine Arbeit aufgegeben hatte, bei der sie sich sehr glücklich gefühlt hatte. Sie hatte Lernprogramme für Kinder entwickelt und diese mit Kindern erprobt, in deren Gesellschaft sie immer ganz selig gewesen war. Doch inzwischen arbeitete sie in der Enge eines Büros und führte die Aufträge ihres Chefs aus. Sie verabscheute diese Arbeit, weil dabei ihre Kreativität brach lag und sie keinerlei Kontakt mehr mit Kindern hatte. Ein anderer Teilnehmer entdeckte überrascht, dass seine Lebensaufgabe in einer Arbeit bestehe, die er vor zehn Jahren aufgegeben hatte. Das war die Stelle eines Ökologen gewesen, als der er immer wieder Gruppen in die freie Natur hatte hinausführen können. Mit seiner jetzigen Stelle war er unzufrieden, und so fragte er sich jetzt, ob er nicht zu seiner alten Liebe zurückkehren und lieber in Kauf nehmen solle, nicht ganz so viel zu verdienen wie jetzt.

5. Aus der Geschichte wird uns von vielen bekannten Helden erzählt, die wir in die 5. Kategorie einordnen könnten: Das sind die

Menschen, die sich weigerten, ihren Lebensauftrag auszuführen. Ein sehr anschauliches Beispiel ist die biblische Gestalt des Propheten Jonas, der als Prophet auftreten sollte, aber sich dagegen sperrte und versuchte, vor dieser Berufung zu fliehen. Gott hatte ihm den Auftrag gegeben, als Prediger vor die Bewohner von Ninive zu treten und sie zur Umkehr zu ermahnen. Jonas glaubte, er könne sich diesem Auftrag durch die Flucht entziehen und bestieg ein Schiff, das nach Tarschisch ablegte, also besonders weit fort von dem Ort, an dem er predigen sollte. Aber auf dem Meer erhob sich ein gewaltiger Sturm. Die Schiffsmannschaft warf Jonas mit dessen Zustimmung ins Meer, um wieder die Gunst der Götter zu gewinnen und das Meer zu beruhigen. Da verschlang ihn ein riesiger Fisch und schloss ihn in seinem Bauch wie in einem Gefängnis ein, bis er ihn schließlich wieder ausspie, und zwar am Ufer des Tigris in Ninive … So fand sich Jonas wider Willen genau an dem Ort wieder, an den Gott ihn hatte schicken wollen. Die Moral dieser Geschichte lautet: Seiner Lebensaufgabe entkommt man nicht. Entweder erfüllt man sie freiwillig, oder man wird mit Gewalt zu ihr gezwungen.

Ein lateinisches Sprichwort besagt, dieser unbedingte Auftrag, der in der Lebensaufgabe steckt, sei wie ein Schicksal: „Das Schicksal führt jene, die es annehmen. Die es ablehnen, zwingt es." Umgekehrt beweist die Entscheidung, seinem Auftrag nicht zu gehorchen, dass wir über persönliche Freiheit verfügen. Unsere Berufung ist kein unerbittliches Schicksal, wie man das in den Tragödien des alten Griechenland unterstellt hat. Wir können immer gegen unsere Lebensaufgabe aufbegehren. Doch in diesem Fall müssen wir auch bereit sein, den Preis dafür zu bezahlen.

Was Gott der Rose zuflüstert,
damit sie sich in ihrer vollen Schönheit entfalte,
das ruft er mir tausendmal in meinem Herzen zu.

Rumi

Echte Hindernisse, falsche Überzeugungen sowie Widerstände gegen die Verwirklichung der eigenen Lebensaufgabe

In der Folge sollen drei Arten von Hindernissen für die Erfüllung der eigenen Lebensaufgabe unterschieden werden: die echten Schwierigkeiten, die falschen Überzeugungen und die psychologischen Widerstände.

Die echten Schwierigkeiten

Nicht alle Widerstände sind eingebildeter Natur, und die Tatsache, dass man sie nicht überwindet, muss nicht unbedingt bedeuten, dass man zu wenig Mut hat. Es gibt tatsächliche Hindernisse, die zumindest vorerst der Verwirklichung der eigenen Lebensaufgabe im Wege stehen: etwa Armut, Krankheit, Verantwortung in der Familie, Mangel an Mitteln, Alleinsein, Fehlen einer angemessenen Ausbildung usw.

Diese Grenzen sind realer Natur. Jedoch sollte man die Kreativität, Hartnäckigkeit und Genialität von Menschen, die fest entschlossen sind, den Traum ihres Herzens um jeden Preis zu verwirklichen, nicht unterschätzen. Ein gutes Beispiel dafür ist der Fall von Gisela. Von ihrem Mann, einem Alkoholiker, sitzen gelassen, hatte sie es trotz ihrer extremen Armut fertig gebracht, mit ihren zwei Kindern durchzukommen. Ich muss gestehen, als ich erfuhr, dass sie sich zum Psychologiestudium eingeschrieben habe, war mir schleierhaft, wie sie das schaffen sollte. Aber ich hatte mich getäuscht. Mit ihrer Überlebenskunst, ihrer Zähigkeit, ihrer gewissenhaften Arbeit und dank einiger Stipendien gelang es ihr innerhalb von fünf Jahren, das ersehnte Universitätsdiplom zu erwerben und ihren Traum zu verwirklichen, sich beruflich als Lebensberaterin zu betätigen. Dazu sei noch bemerkt, dass sie auf Grund ihrer eigenen Erfahrung tiefster Armut besonders sensibel für die Klienten ist, die aus ganz ähnlichen Verhältnissen kommen.

Bei der zweiten Art von Hindernissen für das Erkennen und Erfüllen der eigenen Lebensaufgabe handelt es sich um Überzeugungen, die man für unwiderleglich hält, es aber gar nicht sind. Solche Überzeugungen entstammen oft wiederholt schlimmen Erfahrungen. Ich will hier einige davon beschreiben und zeigen, warum sie falsch sind.

Meine Lebensaufgabe – das ist doch meine Arbeit, meine Rolle, mein Beruf!

Glücklich der Mensch, der die Erfüllung seiner Lebensaufgabe in der Ausübung einer bestimmten Arbeit findet. Trotzdem sollte man auf keinen Fall diese beiden Bereiche unbedacht gleichsetzen. Eine Arbeit, eine Rolle oder sogar ein Beruf verfügen nicht immer über die Qualitäten der Lebensaufgabe, vor allem nicht über deren allumfassenden, nachhaltigen und hinreißenden Charakter, sondern im Allgemeinen sind sie der Veränderung unterworfen. So kann man etwa eine bestimmte Arbeit verlieren oder auch diese um einer anderen willen aufgeben, ohne dass man dadurch seine Lebensaufgabe verändert. Wollte man die Verwirklichung der Lebensaufgabe mit dem Spielen eines Musikstücks vergleichen, so wäre die Lebensaufgabe die Melodie, während die Arbeit, die Rolle oder der Beruf das Instrument wäre. Auch wenn man der Reihe nach ganz unterschiedliche Instrumente verwenden würde, bliebe die Melodie doch die gleiche.

Wem nicht das Glück beschieden ist, dass sich seine Arbeit mit seiner Lebensaufgabe deckt, der findet in ihr nur sehr schwer einen Lebensinhalt oder gar einen tragenden Sinn für sein Leben. Etliche suchen sich in diesem Fall ein Steckenpferd, das ihrer eigentlichen Berufung mehr entspricht. So hat zum Beispiel einer meiner Freunde, der Arzt ist, im Restaurieren alter Möbel die Möglichkeit gefunden, seiner alten persönlichen Leidenschaft zu frönen.

Ich kann meine Lebensaufgabe damit erfüllen, dass ich große Persönlichkeiten nachahme

Zwar kann man sich beim Entdecken und Erfüllen der eigenen Lebensaufgabe am Mut und der Konsequenz eines anderen Menschen ein Beispiel nehmen, aber es ist unmöglich, einen solchen Menschen einfach zu imitieren, um damit eine Lebensaufgabe zu haben. Schon in der *Bhagavadgita*, einem alten Text der hinduistischen Philosophie, steht diesbezüglich die klare Aussage: „Es ist besser, seine eigene Lebensaufgabe *(dharma)* unvollkommen zu erfüllen, als zu versuchen, diejenige eines anderen Menschen nachzuahmen, ganz gleich, welchen Erfolg man dabei hätte."

Hier ein Beispiel für diese Art von falschem Verständnis. Anlässlich der Seligsprechung von Eugène de Mazenod, dem Gründer der Ordenskongregation, der ich angehöre, wurde natürlich dessen Charisma ausführlich beschrieben und hervorgehoben, und einige Mitbrüder vertraten, das sei ein leuchtendes Beispiel, wie auch wir heute leben und wirken sollten. Meiner Ansicht nach ist das eine falsche Vorstellung. Zum einen lässt sich eine hervorragende Persönlichkeit nicht allgemein nachahmen, und zum anderen kann man sich nur in Illusionen hineinsteigern, wenn man behauptet, über das gleiche Charisma wie dieser Mensch zu verfügen. Man würde dabei Gefahr laufen, seine eigene Persönlichkeit in zwei Teile aufzuspalten. Der Mut und die Konsequenz eines Mgr. de Mazenod, womit er seiner Berufung treu blieb, können zweifellos für viele andere inspirierend sein, aber niemand kann den Ehrgeiz entwickeln, auch seinerseits genau aus dem Charisma des Gründers zu leben. Jedes Mitglied der Gemeinschaft muss sein ganz persönliches Charisma entdecken.

In dem Maß, in dem es einem gelingt, seine eigene Lebensaufgabe zu erfüllen, fühlt man sich zunehmend autonom, schöpferisch und als Meister des eigenen Lebens. Laurie Beth Jones sagt gern: „Wenn ihr nicht eure eigene Lebensaufgabe habt, verwirklicht ihr diejenige von Anderen."

Wenn ich den Willen eines Oberen erfülle, kann ich mich bezüglich meiner Lebensaufgabe nicht täuschen

Der Umstand, einem Oberen oder Vorgesetzten zu gehorchen, stellt sich zuweilen als subtile Gefahr dar, sich von seiner eigentlichen Lebensaufgabe abbringen zu lassen. Tatsächlich sind die Autoritäten selten, deren Interesse darin besteht, in erster Linie die Entfaltung der ihnen Untergebenen oder von ihnen Beschäftigten zu fördern und sie bei der Verwirklichung ihrer persönlichen Lebensaufgabe zu unterstützen. Im Gegenteil: Ihr Hauptanliegen ist das gute Funktionieren der Einrichtung oder Gesellschaft, für die sie verantwortlich sind. Die Angestellten sind dann meistens Opfer der dadurch bedingten Kurzsichtigkeit ihrer Vorgesetzten und arbeiten oft aus Motiven, die überhaupt nichts mit der Erfüllung ihrer Lebensaufgabe zu tun haben: etwa, um gut zu verdienen, soziale Vorteile zu erlangen oder befördert zu werden. Sie haben nicht den Eindruck, dabei ihr eigentliches Potenzial voll auszuschöpfen. Tatsächlich ist das derzeit in der Arbeitswelt die Hauptursache für Spannungen, Fehlzeiten, Sabotage und zuweilen sogar übertriebene Rache.

Natürlich empfindet ein junger Mensch weniger dringend als ein Erwachsener das Bedürfnis, seine Lebensaufgabe zu erfüllen. Im Allgemeinen muss man als junger Mensch deren Verwirklichung zunächst einmal aufschieben, um seine unmittelbarsten Aufgaben anzupacken, wie die, sich eine Lebensgrundlage zu schaffen und seinen Platz im Leben zu finden und zu gestalten. Er muss sich auf Arbeitsmöglichkeiten einstellen, die sich ihm bieten und sich an die Umstände anpassen. Aber beim Menschen, der seine Lebensmitte erreicht hat, meldet sich dringlicher das Bedürfnis, die Lebensaufgabe zu erfüllen, für die er geboren ist.

In meiner Tätigkeit als psychologischer Berater bin ich etlichen Menschen begegnet, die stark deprimiert darüber waren, jahrelang ein ihnen von einer Institution diktiertes, aber ihren persönlichen Strebungen fremdes Ideal verfolgt zu haben. Diesbezüglich warnt Laurie Beth Jones ihre Leser in ihrem Buch *Tous les chemins mènent à soi*: „Hütet euch davor, euch eine Lebensaufgabe überstülpen zu lassen, die den Bedürfnissen eines Anderen entspricht, aber überhaupt nichts mit *euren eigenen Interessen oder Fähigkeiten* zu tun hat" (1996, 31). Von da her gesehen wundert es nicht, dass zahlreiche Arbeiter nur ein einziges Ziel im Leben haben: ins Rentenalter zu kommen, um endlich die Last einer Berufsarbeit loszuwerden, die überhaupt nicht ihrer Lebensaufgabe entspricht.

Die Autoritäten mancher Institutionen sind der Überzeugung, wenn ihre Untergebenen den Auftrag ihrer Institution erfüllten, bräuchten sie sich keine Gedanken mehr über ihren persönlichen Lebensauftrag zu machen. Hier eine vielsagende Veranschaulichung dieses Phänomens: Die Ordensleute eines bestimmten Hauses mussten alljährlich Exerzitien mitmachen, die zum Ziel hatten, ihnen immer wieder neuen spirituellen und apostolischen Schwung zu geben. Jahr für Jahr wurde ein anderer Exerzitienmeister eingeladen, um sie wieder neu für den allgemeinen Sendungsauftrag der Kirche zu begeistern. Doch merkwürdigerweise waren sie trotz der zweifellosen Kompetenz dieser Exerzitienmeister nie besonders von deren Ausführungen angetan. Aber eines Tages vermochte ein neuer Referent bei seinen Zuhörern Begeisterung zu wecken. Zum Einstieg hatte er sie aufgefordert, sich mit der Frage zu beschäftigen, welche persönliche Lebensaufgabe sie hätten. Als sie diese herausgefunden hatten, ermutigte er sie, sich jetzt zu überlegen, in welchem Aufgabengebiet der Kirche sie sich damit am besten einbringen könnten.

Dieser Animator hatte zum einen erfasst, dass es wichtig ist, zunächst einmal die Berufung jedes Einzelnen zu respektieren, und sodann, dass die apostolische Sendung der Kirche so viele Möglichkeiten bietet, dass jeder darin sein ganz persönliches Charisma einbringen kann.

Ich kann meine persönliche Lebensaufgabe entdecken, indem ich mich intensiv dem Studium der Philosophie oder Theologie widme

Das Suchen nach der persönlichen Lebensaufgabe und deren Entdeckung gehen weit über die rein intellektuelle Analyse hinaus. Manche glauben, das Studium der großen philosophischen und theologischen Systeme könne jemandem helfen, seine tiefsten Strebungen deutlicher zu erkennen. Nun kann ein derartiges Studium zwar dazu nützlich sein, *den Sinn des Lebens* besser zu ergründen, nicht jedoch *den Sinn des eigenen Lebens.* Tatsächlich besteht ein großer Unterschied zwischen dem Philosophieren über den Sinn des Lebens an sich und dem Finden des Sinnes des *eigenen* Lebens, der seine konkrete Ausprägung in einer persönlichen Lebensaufgabe findet. Kein noch so intensives philosophisches Studium kann ein Ersatz dafür sein, dass man die Aufgabe „Erkenne dich selbst" anpackt und sich folglich gründlich über seine Identität und seinen Lebensauftrag Gedanken macht.

Wenn ich ziemlich bekannt bin, ist das ein Zeichen, dass ich meine Lebensaufgabe erfülle

Das Bekanntsein als solches hat nichts mit der Frage zu tun, ob man seine Lebensaufgabe wirklich erfüllt. Gewiss ist die soziale Anerkennung der eigenen Lebensaufgabe durch eine Gruppe notwendig. Aber Beliebtheit und Ehren sind, was die persönliche Lebensaufgabe angeht, nebensächliche Aspekte. Die Kriterien dafür, ob man seine Lebensaufgabe tatsächlich erfüllt, sind innerlicher Art: Das sind Begeisterung, Kreativität und die Befriedigung, einen einmaligen Beitrag in der Welt zu leisten.

Ich kenne bekannte Größen, die ganz unglücklich und mit sich selbst unzufrieden sind, aber umgekehrt auch Arbeiter, die sich voll entfaltet haben. Mir fällt in diesem Zusammenhang ein Gärtner ein, der ganz in der Freude an seinen Pflanzen und ihren Blüten aufging, voller Stolz auf die Sauberkeit und Schönheit seiner Beete war und immer alle Schaulustigen herzlich willkommen hieß, die seine Arbeit bewundern wollten. Angesichts der Begeisterung, mit der er sich seiner Arbeit widmete, der Sorgfalt, mit der er sich ihr hingab, und seiner immer guten Laune erkannte man in ihm einen glücklichen Menschen, weil ihn seine Lebensaufgabe voll und ganz ausfüllte.

Bei allem, was ich im Leben mache, bin ich immer der Spielball des Zufalls oder eines blinden Schicksals

Jemand hat einmal gesagt, der Zufall sei der Name, den Gott sich zulege, wenn er inkognito bleiben wolle. Auf das Geheimnis der Schicksalhaftigkeit oder der Vorherbestimmung will ich mich hier nicht weiter einlassen, möchte jedoch sagen, dass wir meiner Überzeugung nach trotz aller Ungewissheiten des Lebens über die Freiheit verfügen, uns unsere Lebensaufgabe zu wählen. Wir sind nicht einfach der Spielball des Schicksals. Im Gegenteil: Jeder Mensch erfreut sich der vollen Freiheit, den Weg zu wählen, der seinem wahren Ich entspricht. Die Tiere verwirklichen sich dank ihrer in ihnen angelegten Instinkte; das Menschenwesen dagegen verwirklicht sich kraft seiner Freiheit. Es muss zudem den Geheimcode seiner Seele entschlüsseln – seine „spirituelle DNA", wie es James Hillman in seinem Buch *Charakter und Bestimmung* ausdrückte – und in seinem Sinne arbeiten.

Sich an seine Lebensaufgabe zu halten, ist etwas Mühsames

Will man seine Lebensaufgabe erfüllen, so wird das vor allem in der Anfangsphase oft zur Quelle von Ängsten. Tatsächlich sieht man sich vor eine unbekannte Zukunft gestellt. Man weiß noch nicht, welche Folgen für das weitere Leben eine bestimmte Wahl haben wird; man befürchtet, sich zu täuschen; man sieht sich schon scheitern; man ahnt die Möglichkeit voraus, von seinen Nächsten abgelehnt zu werden; zuweilen überrascht man sich sogar dabei, vor einem Erfolg Angst zu haben, der einem zu viel abverlangen könnte. Lässt man sich aber erst einmal auf seine Lebensaufgabe ein, so erlebt man, dass sich diese Ängste nach und nach legen und dem befriedigenden Gefühl weichen, in Übereinstimmung mit sich selbst zu sein. Man hat dann den Eindruck, als kehre man nach einem langen Exil endlich wieder heim.

Die anfänglichen, mit der Wahl einer neuen Ausrichtung seines Lebens verbundenen Ängste verwandeln sich oft sogar in einen begeisterten Schwung. In dem Fall jedoch, in dem Ängste, Langeweilen und Leiden anhalten würden, wäre das ein Zeichen dafür, dass man einen falschen Weg eingeschlagen hat. Würde man also nach einem redlichen Versuch überhaupt nicht die tiefe Freude empfinden, einer Berufung gefolgt zu sein, so müsste man sein Leben wieder anders ausrichten. Wenn man seine eigene Lebensaufgabe entdeckt und erfüllt, kann das nur zu Freude, Glück und Kreativität führen sowie den Wunsch schüren, in immer noch größerer Fülle zu leben.

Wenn man seine eigene Lebensaufgabe sucht, fördert das bloß den Egoismus

Man muss tatsächlich zugeben, dass der Wunsch, sich mittels der Erfüllung einer Lebensaufgabe zu verwirklichen, mit der Liebe zu sich selbst einhergeht. Es ist ein seltsames Paradox, dass man nur dann wirklich andere lieben kann, wenn man sich selbst liebt. Steckt das nicht bereits im Gebot des Evangeliums: „Du sollst deinen Nächsten lieben wie dich selbst"? Thomas von Aquin wagt kühn die Behauptung, die Liebe zu sich selbst komme vor der Liebe zu anderen Menschen: „Da die Liebe zu sich selbst das Vorbild für die Liebe zu den anderen darstellt, hat sie folglich dieser gegenüber den Vorrang" (IIa, q. 26, art. 4). Die Suche nach der persönlichen Lebensaufgabe ist von der gleichen Logik inspiriert und verfügt durchaus über eine altruistische Seite, so paradox das auch klingen mag.

Wer sich seiner Lebensaufgabe widmet, wird früher oder später feststellen, dass sich das auch segensreich auf seine Umgebung und die Gesellschaft auswirkt. Selbst wenn seine Motive zunächst noch vom Egoismus getrübt wären, läutern sie sich davon nach und nach und sind dann im Reifestadium so gut wie ganz verschwunden. So kann ein Industrieller, dem es zunächst vor allem um das Reichwerden ging, schließlich zum Mäzen einer Künstlergruppe werden, oder ein Erfinder, der zunächst vom Konkurrenzdenken besessen war, kann Technologien entwickeln, die für das Wohl der ganzen Menschheit wichtig sind; oder in Lateinamerika wurde ein Priester, der vor allem wegen seiner Zugehörigkeit zur wohlhabenden Schicht seines Landes zum Bischof geweiht worden war, zur Verwunderung vieler nach einiger Zeit zum energischen Verfechter der Rechte der Armen.

Im übrigen bleibt die Versuchung zum Egoismus immer bestehen. Wenn jemand rasche Erfolge erzielt, kann er Gefahr laufen, sich über die anderen erhaben zu fühlen, zu sehr um sein Ich zu kreisen und sich aufzublähen. Tatsächlich ist es so, dass jeder Mensch, der seinem Selbst näher kommt, Enthusiasmus empfindet (dieses griechische Wort bedeutet: „von einem Gott bewohnt sein") und für Anwandlungen von Stolz anfällig wird (die alten Griechen warnten darum vor der *hybris*). Erliegt er dieser Versuchung, so wird er eitel und steril und seine Inspiration und Kreativität versiegen recht schnell.

Mein Talent ist meine Lebensaufgabe

Eine junge Frau vertraute mir an, ihre Erzieher hätten sie alle gedrängt, Berufspianistin zu werden, und zwar aus dem Grund, weil sie aus allen Wettbewerben, an denen sie teilgenommen habe, als Siegerin hervorgegangen sei. Zweifellos spielte sie liebend gern Klavier, aber sie hatte eigentlich daraus keinen Beruf machen wollen, sondern wäre viel lieber Erzieherin geworden. Manche hatten ihr zu Unrecht das Gleichnis von den Talenten zitiert, um sie bei der Wahl ihrer Lebensaufgabe zu beeinflussen. Aber dieses Gleichnis dient der Aufforderung, mit dem Frucht zu bringen, was der Schöpfer in einem angelegt hat, und nicht mit dieser oder jener Fähigkeit. Genau genommen bezeichnet darin das „Talent" einen Geldbetrag, nicht ein besonderes Können.

Diese junge Frau hatte dann also die berufliche Laufbahn der Pianistin eingeschlagen, war aber immer unbefriedigt geblieben. Nachdem sie lange mit Zweifeln gekämpft hatte – denn sie wollte ihr Talent ja nicht „verraten" –, beschloss sie, sich lieber der Aufgabe zu verschreiben, Kranke in ihrer letzten Lebensphase zu begleiten. Dabei hatte sie zum ersten Mal das Gefühl, wirklich dem Zug ihres Herzens zu folgen. Was ihr Talent als Musikerin anging, so stellte sie dieses in den Dienst ihrer neuen Aufgabe.

Psychologische Widerstände

Zu den tatsächlichen äußeren Schwierigkeiten und den falschen Überzeugungen bezüglich seiner Lebensaufgabe kommen noch psychologische Widerstände hinzu. Über solche Widerstände und die Art, sie zu überwinden, gibt es eine ganze Reihe falscher Vorstellungen. Die allgemeine Überzeugung zu diesem Thema ist, wenn man nur wolle, könne man alles überwinden: „Wo ein Wille ist, da ist auch ein Weg." Dieses Sprichwort unterstellt, wenn jemand von Widerständen an der Erfüllung seiner Mission gehindert werde, sei er entweder faul oder nicht willens genug.

Meiner Überzeugung nach stammt der innere Widerstand aus einem unbewussten Teil unserer selbst, der signalisiert, er sei mit dem bewusst gewählten Vorhaben nicht einverstanden. Wenn dieser unbewusste Teil Widerstand leistet, dann deshalb, weil er Angst hat, bei der Ausführung des angezielten Vorhabens vergessen oder beiseite geschoben zu werden. Daher ist es wichtig, die Botschaft, die dieser Widerstand enthält, zu verstehen: Er warnt, das angestrebte Ziel berücksichtige nicht alle Bedürfnisse des eigenen Wesens und befriedige folglich nicht die Interessen der gesamten Person.

Das Problem der verschiedenen psychologischen Widerstände werde ich ausführlicher im 11. Kapitel dieses Buches behandeln. Jedoch möchte ich bereits hier deutlich darauf hinweisen, wie wichtig es ist, auf diese Widerstände einzugehen und sie zu behandeln. Sie spielen sowohl für die Selbsterkenntnis wie auch für die erleuchtete und fruchtbare Ausführung der eigenen Lebensaufgabe eine ganz wesentliche Rolle. C. G. Jung warnt diejenigen, die versucht sein könnten, sich ihrer inneren Widerstände so zu entledigen, als handle es sich dabei um einen schlechten Zahn: „Es wäre überhaupt nichts gewonnen, sondern ein schwerer Verlust, wenn man den Nachdenklichen ihre Zweifel, den Moralisten ihre Versuchungen und den Tapferen ihre Angst nehmen würde. Man würde sie dadurch keineswegs heilen, sondern nur amputieren“ (zitiert in *Callings,* S. 196).

Wenn man in der Psychotherapie auf einen starken Widerstand stößt, ist das ein eindeutiges Zeichen dafür, dass man an einen für den weiteren Wachstumsprozess kritischen Punkt rührt. Genauso ist ein heftiger Widerstand gegen die Verwirklichung der eigenen Lebensaufgabe eine deutliche Anzeige dafür, dass man vor der Herausforderung steht, in seinem Leben eine einschneidende Änderung vorzunehmen. Entgegen dem äußeren Anschein ist ein innerer Widerstand eine gute Nachricht: Die Angst, die man dabei empfindet, ist ein Signal dafür, dass man sich etwas Wichtigem, ja Heiligem nähert. So besteht der richtige Umgang mit seinen inneren Widerständen darin, sie anzunehmen, hochkommen zu lassen, sie zu benennen und sie sich womöglich zu Verbündeten beim klugen Unterscheiden und bei der Erfüllung seiner eigenen Lebensaufgabe zu machen.

◆ ◆ ◆

Ich fand es nützlich, im Anhang die Vorlage für ein *Tagebuch meiner Entdeckungen bezüglich meiner Lebensaufgabe* abzudrucken. Es soll dazu dienen, die Ergebnisse der persönlichen Überlegungen, zu denen in den nächsten Kapiteln angeregt wird, zu sammeln. Dieses Tagebuch soll es der Leserin / dem Leser ermöglichen, dann am Schluss die eigenen Entdeckungen auszuwerten und die eigene Lebensaufgabe klarer zu umschreiben.

Zweiter Teil

Das Loslassen

4
Seine Trauer ausleben

Vom starken Wunsch getrieben, die Erleuchtung zu erlangen, beschloss ein Mann, sich der Führung eines großen spirituellen Meisters anzuvertrauen. Dieser lud ihn ein, zunächst einmal eine Tasse Tee mit ihm zu trinken. Der Neuling nutzte die Gelegenheit, ihm seine Universitätsdiplome aufzuzählen und seine bisherigen spirituellen Erfahrungen zu schildern.
Während er redete, goss der Meister unablässig Tee in seine Tasse, und tat das auch dann noch weiter, als diese bereits überlief. Verwirrt durch diese merkwürdige Handlung, fragte ihn sein künftiger Schüler, was er denn da tue. Und der Meister gab ihm zur Antwort: „Sehen Sie nicht, dass in Ihnen für meine Unterweisung gar kein Platz ist?"

Lebensaufgabe und Übergangszeiten

Lebensaufgabe, Berufung, Vision – das alles bezieht sich auf die Zukunft eines Menschen. Diese Zukunft erschließt sich jedoch nur, wenn man die Gegenwart dazu nutzt, seine Vergangenheit loszulassen. William Bridges weist mit dem folgenden Satz auf die Notwendigkeit hin, mit dem Bisherigen zu brechen, um freien Raum für die Zukunft zu schaffen: „Jeder Übergang beginnt damit, dass man einen Abschnitt abschließt."

In dem Maß und so lange, wie man sich noch hartnäckig dagegen sperrt, das Vergangene aufzugeben, verurteilt man sich, darin eingesperrt zu bleiben und damit in einer unwirklichen Welt zu leben, was zur Folge hat, dass man in psychischer und spiritueller Sterilität vor sich hinwelkt. Bei manchen Menschen erinnert die Weigerung, loszulassen, an das Verhalten jener Affen, die sich von den Eingeborenen leicht fangen lassen. Diese stecken Nüsse in Gefäße mit einer kleinen Öffnung und legen diese im Urwald aus. Die Affen greifen dann durch die Öffnung, umklammern die Nüsse und lassen sie nicht mehr los, weshalb sie ihre Faust nicht mehr aus der schmalen Öffnung zu ziehen vermögen. Damit werden sie zur leichten Beute der Eingeborenen.

Bevor man in etwas Neues eintritt, muss man sich vom Vergangenen trennen, indem man nicht nur im Äußeren, sondern vor allem auch in seinem Inneren bestimmte Änderungen vornimmt. Viele Menschen tun das nicht und kommen deshalb nie über die Phase des Träumens hinaus. Damit sind sie für die Erfüllung ihrer Lebensaufgabe blockiert, denn sie bleiben Gefangene ihrer unabgeschlossenen Trauer und von ihren schmerzlichen Erinnerungen gelähmt. Ihre Zukunftsvorhaben sind damit lahmgelegt oder jedenfalls schwer beeinträchtigt. Ein einfacher Bindfaden um die Klaue eines Adlers genügt ja schon, um ihn vom Hinauffliegen auf die Berggipfel abzuhalten. Meister Eckhart sagt deshalb: „Wer werden will, was er sein sollte, muss aufhören, zu sein, was er ist."

Wenn man so weit kommt, dass man das loslässt, was nun einmal ausgelaufen ist, also für das, was zu Ende ist, stirbt, stellt sich ein ganz unerwartetes Phänomen ein: Dank dieses Verzichts spürt man plötzlich wieder Leben und Lust zum Weiterwachsen in sich. Von da her ist es so ungemein wichtig, bewusst zu trauern und sich zu verabschieden. Dank dieses Loslassens erfasst man tiefer, was man ist, und wird in der Folge bereit, sein Lebensprojekt anzupacken.

Um sich voll auf seine Trauer einlassen zu können, muss man sich seiner Verluste ganz bewusst werden, sie benennen und dann verschiedene Etappen der Bewältigung dieses Schmerzes durchlaufen. Es wird hilfreich sein, wenn ich zunächst eine Liste der verschiedenen Verluste aufstelle, die sich auf dem Lebensweg eines Menschen ergeben können.

Die Verluste im Lauf eines Lebens

Die vorhersehbaren Verluste und die notwendigen Verzichte

Alle wichtigen Lebensabschnitte – Geburt, Kindheit, Pubertät, Partnerschaft, Heirat, Lebensmitte, Auszug der Kinder (L des Nests), Ruhestand, Alter – fangen so an, dass der vorh

Abschnitt ausläuft. Das ist das unerbittliche Gesetz des Sterbenmüssens, um zu leben. Judith Viorst beschreibt in ihrem Buch *Mut zur Trennung. Menschliche Verluste, die das Leben sinnvoll machen (Heyne 1989)* ausführlich die Trennungen, die jede Übergangsperiode dem Menschen abverlangt. Hier seien einige genannt.

Zahlreiche junge Menschen suchen nach ihrer Berufung, tun sich aber sehr schwer damit, sie zu finden. Einer der wichtigsten Gründe dafür, dass sie nicht recht vorankommen, dürfte das Fehlen einer Initiation sein, die es ihnen ermöglicht hätte, ihre Familienbande zu durchtrennen. Vor allem die jungen Männer haben besonders große Schwierigkeiten, die „Nabelschnur" abzuschneiden, die sie an ihre Mutter bindet. Viele entwickeln sich nicht weiter und bleiben im Archetyp des *Puer aeternus* (des „ewigen kleinen Jungen") stecken. Wenn es dann an die Wahl einer Partnerin geht, suchen sie eine Frau, die für sie weiterhin die Rolle der idealen Mutter spielt. Den jungen Frauen gelingt es im Allgemeinen besser, sich von ihrer Familie zu emanzipieren. Doch auch von ihnen bleibt eine große Anzahl lange unter der Autorität des Vaters. Sie fürchten, ihren Vater zu verraten, wenn sie sie selbst werden. Das trifft zum Beispiel auf die junge Frau zu, deren sehnlichster Berufswunsch es wäre, Designerin zu werden, die sich jedoch mit ihrer Arbeit als Buchhalterin herumplagt, um nicht ihrem Vater zu missfallen.

Manche Übergänge können Traumata auslösen. Das ist etwa der Fall bei der jungen Mutter, die gerade entbunden hat. Sie fühlt sich deprimiert und versteht gar nicht, warum sie sich nicht glücklicher darüber fühlt, ein gesundes Kind zur Welt gebracht zu haben. Das Kommen ihres Kindes hat ihr Leben völlig umgekrempelt: Sie ist im Mutterschutz, die Intimität mit ihrem Partner ist nicht mehr so intensiv, sie hat weniger Freizeit für ihre Hobbys usw. Sie kommt sich mit ihrem schlechten Gefühl ganz abnormal vor und hält sich für eine schlechte Mutter. Was hier in Wirklichkeit vorliegt, ist der Umstand, dass sie noch nicht die Verzichte akzeptiert hat, die ihr ab jetzt durch ihr Muttersein abverlangt werden.

Auch ein glückliches Ereignis, etwa eine Beförderung oder eine günstige Neuorientierung, erspart einem also nicht unbedingt die

Mühsal der Trauer. Eine meiner guten Bekannten, eine Schulleiterin, durfte die Erfüllung eines lang gehegten Traumes erleben: Sie konnte endlich am Gymnasium unterrichten. Aber trotzdem fühlte sie sich von da an schlechter denn je und war selbst überrascht davon, wie sehr sie den schönen Seiten ihrer alten Stelle nachtrauerte. Ganz ähnlich geht es vielen Menschen, die in den Ruhestand kommen und nicht die Trauer über den Abschied von ihrer Arbeitsstelle abgeschlossen haben.

Manche stellen sich vor, wenn man seinen lang ersehnten Ruhestand erreiche, werde man die Trauer um seinen Arbeitsplatz sicher ohne viel Mühe bewältigen. Da war eine Lehrerin, die kaum den Tag ihrer Pensionierung erwarten konnte und sich mit Sorgfalt darauf vorbereitete. Sie war fassungslos, als sie am Ende des Schuljahrs beim Abschied von ihren Schülern und Kollegen aus dem Weinen gar nicht mehr herauskam, hatte sie doch geglaubt, dank ihrer Vorbereitung auf diesen Schritt werde sie gegen jeden Anfall von Traurigkeit gefeit sein. Aber selbst ihre Vorbereitung hatte ihr die mit diesem Übergang verbundenen schmerzlichen Verzichte nicht erspart. Immerhin hatte sie es ihr ermöglicht, ihn insgesamt dann doch ganz gut über die Runden zu bringen.

Was soll man aber von den Menschen sagen, die gar nicht daran gedacht haben, dass sie sich irgendwann auf derartige Übergänge in ihrem Leben würden einlassen müssen? Sie klammern sich dann verzweifelt an die Umstände eines vergangenen Lebens, so wie eine Familienmutter, die unter Depressionen leidet, seit ihre Kinder alle aus dem Haus sind. Sie quält sich mit der Frage, was aus ihr als Mutter denn jetzt werden solle, wo sie keine Kinder mehr hat, um die sie sich kümmern kann?

Die unerlässliche Bedingung dafür, dass man für seine neue Lebensaufgabe offen ist, besteht folglich darin, dass man es lernt, das Vergangene loszulassen, auch wenn man den Eindruck hat, man müsse daran fast sterben. Richard Bach schreibt: „Wenn sie zum Schmetterling wird, hat die Raupe das Gefühl, das Ende der Welt breche an."

Die unvorhersehbaren Verluste

Zu den vorhersehbaren Verlusten kommen noch die unvorhergesehenen und vom Schicksal gefügten hinzu: der plötzliche Tod eines lieben Menschen, ein Unfall, eine Scheidung, eine Entlassung, ein Konkurs, ein Misserfolg, Liebeskummer usw. Die Plötzlichkeit und Unvorhersehbarkeit dieser Verluste machen es noch schwerer, mit der Trauer fertig zu werden. Doch trotz des dramatischen Charakters dieser Art von Verlusten bleibt es immer möglich, die Trauer zu bestehen.

Die um der Verwirklichung des eigenen Ideals willen nötigen Verluste

Das Unbekannte macht Angst. Warum sollte man ein wohlgeordnetes, bequemes Leben aufgeben und sich einer Aufgabe zuwenden, die sich als Trugbild erweisen könnte? Wenn man sich finanziell gut abgesichert, sich ein angenehmes Leben eingerichtet und einen beneidenswerten sozialen Status erworben hat, verspürt man nicht mehr groß die Neigung, alle Garantien seiner Sicherheit noch einmal aufs Spiel zu setzen. Wer rafft sich da noch einmal neu zu Traumzielen auf, von denen ungewiss ist, ob man sie je erreicht? Ist nicht „der Spatz in der Hand besser als die Taube auf dem Dach"?

Ein Priester sah sich vor dieses Dilemma gestellt. Es war ihm gelungen, in seiner Gemeinde mehrere hilfreiche Einrichtungen zu gründen. Aber sie waren derart angewachsen, dass er sich gezwungen gesehen hatte, sie einer Gesellschaft zu übereignen und von dieser verwalten zu lassen. Diese hatte ihn wieder als Leiter einer ihrer Abteilungen angestellt. Nach und nach fühlte er sich in dieser neuen Funktion immer unwohler. Er bekam Depressionen und Herzbeschwerden. Seine Arbeit bereitete ihm einen derartigen Stress, dass er schließlich einen Psychotherapeuten aufsuchen musste. Der hatte ihm geraten, diese Routinearbeit aufzugeben und etwas gründlicher seine eigenen kreativen Möglichkeiten zu erkunden, wie er das schon getan hatte, um sich dringender sozialer Probleme anzunehmen. Aber dieser Berufswechsel bedeutete eine enorme Minderung seines Einkommens. Wie sollte er damit die

Kosten für sein neues Haus decken, sein luxuriöses Auto und seine kostspieligen Freizeitaktivitäten? Statt sich wieder auf seine kreativen Fähigkeiten zu besinnen und einen bescheideneren Lebensstil zu wählen, zog er es vor, sich seinen *status quo* zu erhalten und seine Herzbeschwerden behandeln zu lassen.

Wie viele Menschen machen es wie er! Sie weisen die Perspektive einer neuen Berufung weit von sich, weil das einschneidende Veränderungen für ihren bisherigen Lebensstil mit sich bringen würde. Sie versuchen lieber, die Träume, die ihre Ruhe und Sicherheit bedrohen könnten, zum Verstummen zu bringen. Sie erfinden Ausreden und weigern sich, dem ständigen Zug ihrer Seele zu folgen. Von da her kommt dann ihr Unbehagen in Form von Langeweile, Weltschmerz, Aggressivität oder Depression. Schon allein der Gedanke, etwas von dem bisher Erworbenen herzugeben, lähmt sie. Warum sich trennen von so hohen materiellen Investitionen, so vielen menschlichen Beziehungen, bequemen Gewohnheiten, einer sicheren Rente und im Lauf der Jahre bestens eingeübten Fähigkeiten? Warum alle diese greifbaren Vorzüge aufgeben, um einem Traum nachzujagen, der sich vielleicht nie erfüllt?

Die nur schwer zu erkennenden Verluste

Der Verlust des Sinnes des eigenen Lebens nimmt die Form der Melancholie, des Weltschmerzes und der existenziellen Langeweile an. Ist das nicht der Seelenzustand, in den viele unserer Zeitgenossen verfallen sind? Alles kommt ihnen grau in grau vor, sie fühlen sich dauernd unwohl, haben alles satt, finden alles hohl und nutzlos. Nichts befriedigt sie mehr, nichts reißt sie mehr vom Hocker. Was ihnen früher Freude am Leben schenkte, sagt ihnen jetzt nichts mehr. Sie vegetieren in einer existenziellen Leere vor sich hin und versuchen, diese mit Dingen und Aktivitäten zu füllen, die sie dann immer doch bloß enttäuschen. Manche werden zu Skeptikern, andere aggressiv. Die einen vergraben sich in einer ungesunden Einsamkeit, die anderen flüchten in den Konsum, in Krankheit oder Depression. Andere wieder versuchen ihrer inneren Leere mit Alkohol oder zügellosem Sex zu entkommen oder verfallen sogar auf Selbstmordgedanken: „Wozu lebe ich überhaupt noch? Gibt es denn überhaupt etwas anderes als immer nur diese gleiche Routine? Warum überhaupt noch weiterleben?" Das sind eindeutige Anzeichen einer existenziellen Neurose.

Viktor Frankl definiert die existenzielle Frustration als das völlige Fehlen eines Lebenssinns. Am Anfang der spirituellen Neurose steht das Fehlen eines Grundes dafür, überhaupt da zu sein, und ganz besonders stark wirkt sich das bei Menschen aus, die jede Leidenschaft verloren haben. Wo liegt das Heilmittel für dieses Leiden am Dasein, diese endlose Katerstimmung? Die Antwort lautet ein gutes Stück weit: darin, dass man seine eigene Lebensaufgabe entdeckt.

Das Loslassen und seine Etappen

Die psychologische Arbeit des Trauerns hat nicht zum Ziel, das, was dem Menschen einmal kostbar war, vergessen zu machen, sondern zu diesem eine neue Form der Beziehung aufzubauen, sei es zu Menschen, Tätigkeiten, Fähigkeiten, materiellen Dingen usw. Vergegenwärtigen wir uns hier die dem Trauerprozess eigenen Züge: Er ist natürlich, in fortschreitender Entwicklung begriffen, gemeinschaftlich und vorübergehender Natur. Natürlich ist er, weil von sich aus einsetzt, sobald man seine Widerstände aufgibt; in fortschreitender Entwicklung, weil sich die Trauer in mehreren aufeinanderfolgenden Etappen allmählich auflöst; gemeinschaftlich, weil man zur Heilung von seiner Trauer unbedingt die Hilfe anderer braucht, vor allem den Halt einer Gemeinschaft, die einem zugetan ist; und schließlich vorübergehender Natur, weil der trauernde Mensch in dem Maß, in dem sich seine Trauer auflöst, ein neues psychisches und spirituelles Gleichgewicht findet.

Aus meiner Erfahrung mit der Begleitung Trauernder haben ich die fortschreitende Entwicklung der Trauer in sieben Etappen unterteilt, die sich als Markierungen verwenden lassen, anhand deren man überprüfen kann, in welchem Stadium der Trauer man ist und in welchem Maß man schon losgelassen hat. Ich bringe jetzt eine kurze Beschreibung dieser sieben Etappen; ausführlicher habe ich sie in meinem Buch *Aimer, perdre et grandir* dargestellt.

1. Schockiertsein

Dem Loslassen stellen sich zwei besonders große Widerstände entgegen: der Schock und das Leugnen. Trotzdem stellen sie für den Trauernden letztlich eine Hilfe dar. Sie verschaffen ihm die notwendige Zeit, um sein Leiden etwas abklingen zu lassen und seine Kräfte für die Aufgabe zu sammeln, sich dem Unabänderlichen zu stellen. Mit anderen Worten, diese Widerstände helfen dem trauernden Menschen, nach und nach sein Leiden zu verarbeiten und zugleich eine allzu vernichtende Niedergeschlagenheit zu vermeiden.

Beim Schock handelt es sich um eine Art Starre oder gar Lähmung, die die Wahrnehmung der grausamen Wirklichkeit weithin ausschaltet. Man hat in seiner Unfähigkeit, sich einen derartigen Verlust überhaupt vorstellen zu können, das Gefühl, in einem Alptraum befangen zu sein, aus dem man endlich wieder erwachen möchte. Dabei ist man völlig von Erinnerungen an die Vergangenheit besetzt, die die gegenwärtige Realität überschwemmen. Zuweilen ergeht man sich sogar in Halluzinationen.

2. Leugnen

Die Leugnung ist ein weiterer Abwehrreflex gegen das Bewusstwerden des Verlustes. Sie äußert sich in zwei Formen: Zum einen lässt sie das schmerzliche Ereignis vergessen und zum anderen drängt sie die starken Trauerempfindungen zurück. Ihre Versuchung besteht vor allem darin, in die „gute alte Zeit" zurückzukehren und zu glauben, alles werde wieder so wie zuvor. Aber leider wiederholt sich das Leben nie mehr; es bietet nicht die Möglichkeit, Vergangenes noch einmal zu leben.

Die andere Versuchung besteht in der Vorstellung, man könne sich die Strapaze der Trauer ersparen. Dann besorgt man sich unverzüglich einen Ersatz: Man tauscht rasch seinen Partner gegen einen anderen aus und genauso seinen Beruf oder seinen Hund oder was immer. Besonders häufig findet man diese Reaktion bei Männern. Sie suchen sich nach einer Scheidung oder einem Todesfall bald eine jüngere Partnerin, um ihre innere Leere auszufüllen und auf ihre Wunde, die sie voll Selbstmitleid pflegen, Balsam zu streichen. Diese Flucht nach vorn ist trügerisch; sie meinen, auf diese Weise mit ihrer Trauer fertig zu sein und ihrem Leben eine ganz neue Richtung gegeben zu haben. Aber das ist eine Illusion. In Wirklichkeit kann man sich aus einer Trauer nicht fortstehlen, ohne dass man dann später den Preis zahlen müsste.

Die Widerstandsmechanismen gegen die Trauer haben also eine positive Funktion: Sie verschaffen dem Menschen die zum „Überleben" nötige Zeit. Damit kann er den Verlust gemäß seinem ihm eigenen Rhythmus verarbeiten und Kräfte für die mühsamsten Augenblicke seiner Loslösung sammeln. Wenn diese Mechanismen sich allerdings verfestigen, unterbinden sie die Auflösung der Trauer und verhindern es, dass man sich wieder für andere Menschen und Ziele öffnet. Wo das der Fall ist, sollte der in seiner Trauer festgefahrene Mensch sich schleunigst nach einer Hilfe umsehen, damit er seine Widerstände zu überwinden vermag.

3. Heftige Emotionen

Wenn die Widerstände gegen die Trauer allmählich nachlassen, empfindet sich der/die „Trauernde" in zunehmendem Maß von einer Flut von Emotionen und Gefühlen überschwemmt: von Angst, Traurigkeit, Einsamkeit, Verlassenheit, Wut, Schuld, Befreiung usw. Diese Wogen der Emotionen steigern sich, ziehen sich zurück, kommen wieder wie Ebbe und Flut am Meeresstrand, aber jedes Mal wird ihre Intensität ein wenig geringer.

Dass starke Emotionen hochkommen, ist nicht nur dem Erlebnis des Verlusts eines lieben Menschen vorbehalten. Auch bei der Erschütterung durch eine Kündigung, eine Scheidung oder sogar eine Beförderung fühlt der Trauernde unverzüglich, wie ihn **Angst** befällt. Selbst im Fall einer guten Nachricht wird das Unbekannte als bedrohlich empfunden. Der „Trauernde" hat dann den Eindruck, ihm entgleite die Herrschaft über den weiteren Verlauf seines Lebens. Man denke etwa an Eltern, die den endgültigen Auszug ihrer Kinder von daheim erleben. Die Vorstellung macht ihnen zu schaffen, dass sie ihre flügge gewordenen Jungen nun endgültig entfleuchen lassen und ab jetzt ein leeres Nest bewohnen müssen.

Die für den Trauerzustand charakteristische Emotion ist die **Traurigkeit**. Der Mensch hat dabei das Gefühl, der Gegenstand seiner Zuneigung sei ihm abgeschnitten worden. Ein Schmerz dieser Art stürzt viele in die Depression, ja womöglich in die Verzweiflung, zum Beispiel die Menschen, die lieber mit dem geliebten anderen zusammen sterben als ohne ihn leben möchten.

Der Verlust einer Arbeitsstelle, eines Haustiers, eines Ideals oder Traums mag auf den ersten Blick weniger tragisch als ein Sterbefall oder eine Scheidung erscheinen, aber in manchen Fällen ist er durchaus nicht leichter zu bewältigen. Da fällt mir ein, wie es einem erst vor kurzem pensionierten Bibliothekar ging. Zunächst war er froh darüber, nicht mehr jeden Morgen zur Arbeit gehen zu müssen. Doch allmählich begann es ihm ziemlich langweilig zu werden, und das steigerte sich so, dass er schließlich Depressionen bekam. Die Zeit kam ihm viel zu lang vor, er fühlte sich nutzlos und sah gar keinen Grund mehr, weiterzuleben. Als er mir das erzählt hatte, fragte ich ihn, ob er Trauer über den Abschied von seiner Bibliothek empfunden habe. Meine Frage verblüffte ihn ziemlich, und er wusste darauf gar keine rechte Antwort. Da legte ich ihm nahe, dorthin zu gehen und sich in aller Form von seinem Zentralkatalog zu verabschieden, den er im Lauf seiner dreißig Dienstjahre aufgebaut hatte. Er befolgte meinen Rat. Zwischen zwei Buchregalen versteckt, verabschiedete er sich von dem Ort, dem er seine Lebenszeit, seine Arbeit und seine Hingabe gewidmet hatte. Er war selbst überrascht, dass ihm dabei heiße Tränen kamen. Dabei beweinte er nicht die Dinge, die er verlassen hatte, sondern das, was sie darstellten: dreißig Jahre hingebungsvollen Einsatzes für eine Arbeit, die ihn froh gemacht hatte.

Der trauernde Mensch empfindet auch ein Gefühl stummer **Wut**, die ganz unterschiedliche Formen annehmen kann: Reizbarkeit, Unzufriedenheit, Ungeduld, Frustration usw. Es handelt sich dabei um einen getarnten Protest gegen das grausame Fehlen eines geliebten Wesens, eines Ideals, einer Tätigkeit oder auch eines einfachen Gegenstandes. So ist es zum Beispiel nicht selten der Fall, dass Einwanderer für ihr Aufnahmeland nur bittere Kritik übrig haben. Eine aus Italien stammende Frau sagte mir, die Flüsse Kanadas ließen sich mit der Schönheit der Flüsse Italiens überhaupt nicht vergleichen. Oder ein Mann beklagte sich über die mangelnde Gastfreundschaft der Kanadier. Diese Menschen hatten offensichtlich nicht ausdrücklich den Trauerprozess um ihr Herkunftsland durchgemacht.

Manche „Trauernde" kehren auch ihre Wut gegen sich selbst. Sie empfinden ein starkes **Schuldgefühl** und pflegen das oft regelrecht. Manche haben den Eindruck, in ihrem Leben nichts Rechtes zustande gebracht zu haben. Andere machen sich Vorwürfe, einem Menschen, den sie verloren haben, nicht genügend Liebe geschenkt zu haben. Menschen im Ruhestand haben Schuldgefühle, gute Freunde verlassen zu haben, denn sie haben den Eindruck, sie hätten sie im Stich gelassen. Erst unlängst Geschiedene bedauern, dass ihr Glück vorüber ist und leiden darunter, nicht toleranter mit ihren Ex-Partnern gewesen zu sein.

Die starken Gefühlsäußerungen finden ihr Ende, wenn schließlich das **„heulende Elend"** hereinbricht. Da wird sich der trauernde Mensch plötzlich mit voller Klarheit des endgültigen Verlusts des geliebten Menschen oder Gegenstandes bewusst. Er lässt seine letzte Hoffnung fahren, ihn wiederzufinden oder wieder zum Alten zurückkehren zu können. Das „heulende Elend" erkennt man, wie der Name sagt, an der Intensität des Schmerzes, der sich in heftigem Weinen, ja Jammern äußert. Nach dieser erschütternden emotionalen Entladung verspürt der trauernde Mensch gewöhnlich einen tiefen Frieden, ja zuweilen sogar mystische Zustände.

4. Die sich aus dem Anlass der Trauer ergebenden Aufgaben anpacken

Wenn der emotionale Prozess des Loslassens so weit fortgeschritten ist, muss der trauernde Mensch zur Tat schreiten und die sich aus der Trennung ergebenden Angelegenheiten regeln. Im Fall des Todes eines Angehörigen geht es zum Beispiel darum, dessen Nachfolge zu klären, seine Beisetzung gemäß den Riten der eigenen Kultur zu organisieren, Versprechen, die man dem Verstorbenen gemacht hat, einzulösen usw. Oder jemand, der in den Ruhestand geht, muss sich überall verabschieden, seinen Arbeitsplatz von allen seinen persönlichen Dingen räumen, seine Zeit und seine Aktivitäten neu organisieren, aus der bisherigen Routine aussteigen, zuweilen sogar an Stelle der Arbeitskollegen neue Freunde suchen usw. Die Aufgaben, die da zu erledigen sind, sind je nach Eigenart der Trennung verschieden. Aber alle diese vielleicht scheinbar gar nicht so wichtigen Tätigkeiten tragen dazu bei, das Loslassen zu beschleunigen.

5. Den Sinn seines Verlusts entdecken

Wenn man seine Gefühle zum Ausdruck bringt und die mit dem Anlass zur Trauer verbundenen Aufgaben anpackt, ermöglicht einem das, zu dem erlebten Bruch eine gewisse Distanz zu finden und seine tatsächlichen Ausmaße besser einzuschätzen. Will man nun bei der Auflösung seiner Trauer noch weiter vorankommen, so muss man erkunden, welche Möglichkeiten einem sein weiterer Lebensweg noch alle bietet. Statt hilflos und am Boden zerschmettert zu bleiben, gelingt es einem dann, in jene viel größere Reife hineinzuwachsen, die einem der Verlust ermöglicht. Ich will hier einige Beispiele dafür schildern, wie Menschen nach einem schweren Verlust wieder positiv etwas anzupacken vermochten. Bei manchen war das der Auslöser, dass sie ihre eigentliche Lebensaufgabe klar erkannten.

Eine von ihrem Mann verlassene Frau steht völlig mittellos da; dieses Unglück zwingt sie, ihren Kurs als Krankenschwester abzuschließen, ein Lebensideal, das sie seit ihrer Kindheit verfolgte, jedoch um ihrer Familie willen hatte aufgeben müssen. Eine Tanzlehrerin wird von Sklerose befallen, und damit ist es mit dem Tanzen aus. Aber sie erklärt ihr Leben damit nicht für beendet, sondern macht sich daran, einen zweiten Lebenstraum zu verwirklichen: Sie entwickelt eine Software für das Französischlernen. Ein junger Mann wird durch einen Motorradunfall querschnittsgelähmt; im Lauf seiner Rehabilitation entdeckt er seine besonderen Fähigkeiten für die Elektronik. Ein Mann, den entsetzlicher Liebeskummer heimsucht, ist selbst überrascht, dass ihm plötzlich Gedichte kommen, wo er sich doch für bar jedes literarischen Talents hielt. Seine Herzensnot hatte ihn in Kontakt mit seinen Emotionen gebracht und sein Dichtertalent zutage gefördert. In vielen Fällen wird für Menschen eine Verwundung zum Anstoß dafür, ihre Lebensaufgabe zu erkennen. Wir werden im nächsten Kapitel noch ausführlicher darauf eingehen.

6. Sich gegenseitig verzeihen

Das Verzeihen ist ein ausgezeichnetes Mittel dafür, loslassen zu können. Ich habe aus persönlicher Erfahrung feststellen können, wie wichtig es im Trauerprozess ist. Will man mit der Trauer um einen Menschen fertig werden, sei er gestorben oder nicht, so ist es wichtig, ihm zu verzeihen. Wer glaubt, er könne mit einem Herzen voller Abneigung, Bitterkeit und stummer Wut aus einer Beziehung, einer Situation oder einer Arbeitsstelle endgültig aussteigen, täuscht sich schwer, denn er muss dann ständig eine schwere Vergangenheit mit sich herumschleppen.

Jemand fragte einmal einen ehemaligen Kriegsgefangenen, ob er denen vergeben habe, die ihn gefoltert hätten. Er betonte, dass er ihnen das nie und nimmer vergeben werde. Hierauf erwiderte der Gesprächspartner: „Dann sind Sie noch nicht aus Ihrem Gefängnis entlassen!“

7. Seine Mitgift wieder an sich nehmen

Die letzte Etappe der Auflösung einer Trauer besteht darin, dass man sich die Zuneigung, die man einem geliebten Wesen geschenkt oder für eine Tätigkeit oder einen kostbaren Gegenstand aufgebracht hatte, wieder aneignet. Mit anderen Worten: Man muss die Mitgift an Liebe, Hoffnungen, Träumen und Erwartungen, die man in die Beziehung eingebracht hatte, wieder an sich nehmen. Ein Beispiel: Eine meiner Bekannten stand gerade davor, aus ihrer Stelle als Leiterin einer Agentur für soziale Dienste auszuscheiden. Ich legte ihr nahe, die Mitgift, die sie während ihrer fünfzehn Arbeitsjahre in diese Arbeit gesteckt hatte, wieder an sich zu nehmen. Daraufhin entwarf sie für ihre Abschiedsfeier das folgende Ritual. Gegen Ende des Abends machte sie den Koffer auf, den sie als Geschenk erhalten hatte und erklärte ihren Arbeitskolleginnen, sie wolle darin alle schönen Augenblicke hineinpacken, die sie gemeinsam erlebt hätten. Darauf ergriff sie die Hände ihrer Sekretärin und machte damit die Geste, als wolle sie diese in ihren Koffer packen, um so ihren Wunsch zum Ausdruck zu bringen, deren hingebungsvolle Dienstbereitschaft mitnehmen zu wollen. Eine entsprechende Geste machte sie mit dem Lächeln ihrer Assistentin, das für sie deren guten Humor symbolisierte; hierauf mit den Schultern einer anderen, den Zeichen von deren unermüdlichem Arbeitseinsatz, und so der Reihe nach etwas anderes mit jeder Kollegin. Zum Schluss machte sie ihren Koffer zu und erklärte ihnen, jetzt wolle sie mit diesem Koffer voller Reichtümer aus ihrer gemeinsamen Zeit heimgehen.

Wie soll man das Loslassen anstellen?

Das einfachste Mittel, um loszulassen, besteht darin, die Geschichte seines Verlusts zu erzählen und zum Ausdruck zu bringen, was man dabei emotional durchgemacht hat. Wenn dem trauernden Menschen das Glück beschieden ist, aufmerksame und teilnahmsvolle Zuhörer zu finden, kann er sich erzählend von seiner emotionalen Bürde befreien und wieder psychisch ins Lot kommen.

Für das Loslassen ist es wichtig, die Schwere seines Verlusts richtig einzuschätzen. Man kann das tun, indem man sich genau die Antworten auf die folgenden Fragen überlegt: „Was hat dieser Mensch für mich dargestellt?“ Oder: „Welche Energie habe ich in diesen Menschen oder diese Wirklichkeit investiert?“ Auf diese Weise kann man den subjektiven Wert dessen, was man verloren hat, ermessen. Diese Bewusstwerdung, so schmerzlich sie sein mag, ermöglicht es, seiner Trauer besser auf den Grund zu kommen und sie so rasch wie möglich aufzulösen.

Rituale des Loslassens

Ein Ritual ist eine äußere Inszenierung der Seele, bei der man symbolisch die Wandlung vollzieht, von der man will, dass sie im eigenen Leben eintrete. Es verfügt über die Macht, dem Unbewussten zu sagen, was es tun muss, um sich von einer überholten Vergangenheit zu befreien. Der Umstand, ein Ritual gemeinsam mit Freunden zu vollziehen, hilft zuweilen, jene Loslösung zu schaffen, in deren Gefolge man sich dann seiner Lebensaufgabe zuwenden kann. Ich will einige Beispiele nennen. Als einer meiner Freunde sich innerlich von etlichen vergangenen Erlebnissen lösen wollte, machte er sich daran, seinen Speicher, seinen Keller und seine Garage auszumisten. Jemand anderer verbrannte zum Zeichen dafür, dass er eine lukrative Arbeitsstelle aufgeben wollte, um sich an die Verwirklichung seiner Lebensaufgabe zu machen, eine Banknote. Eine Frau wollte von einer falschen Vorstellung loskommen, mit der ihr Vater sie belastet hatte. Der hatte ihr nämlich eingeredet, sie sei schuld, dass ihre Mutter bei ihrer Geburt gestorben sei. Um sich von dieser Last der Familiengeschichte zu befreien, lud sie einige Bekannte zu einem Ritual ein. Dabei ließ sie sich zunächst Arme und Beine mit Schnur umwickeln, um zu zeigen, wie ihr Vater sie so lange mit dieser falschen Vorstellung gelähmt habe. Hierauf ließ sie sich eine Schere reichen, die sie nur mit Mühe zu führen vermochte, um damit doch schließlich ihre Fesseln zu zerschneiden und so zum Ausdruck zu bringen, dass ihr Vater keinen Einfluss mehr auf sie habe.

Eine andere Frau musste sich die Gebärmutter entfernen lassen, was ihrer Hoffung auf biologische Mutterschaft ein radikales Ende setzte. Da beschloss sie, ein Ritual zu vollziehen, um sich von diesem für ihren Übergang in eine neue Lebensphase stärken zu lassen. Sie bat den Chirurgen, ihre Gebärmutter in Formalin aufzubewahren. Als sie dann wieder aus dem Krankenhaus entlassen wurde, lud sie etliche Bekannte auf die Farm von Freunden ein, um dort ein Übergangsritual zu veranstalten. Sie wollte damit zeichenhaft zum Ausdruck bringen, da ihr jetzt die physische Mutterschaft nicht mehr möglich sei, wolle sie stattdessen in ihrer psychotherapeutischen Praxis den Klienten zur spirituellen Mutter werden. So grub sie ein Loch in die Erde und versenkte darin ihre Gebärmutter. Sodann pflanzte sie darüber einen Baum als Symbol ihrer neuen Form der Mutterschaft.

5
Seine Wunden heilen, um seine Lebensaufgabe entdecken zu können

Zuweilen wenden wir uns an Gott,
weil unsere Fundamente wanken,
nur um festzustellen,
dass es Gott ist,
der sie ins Wanken gebracht hat.

Anonymus

In meinen Seminaren mit dem Thema *Die eigene Lebensaufgabe erkennen* sahen sich zu meiner großen Überraschung etliche Teilnehmer nicht in der Lage, ihre Lebensaufgabe zu entdecken, weil sie zu sehr im Bann ihrer Wunden aus der Vergangenheit standen. So gelang es ihnen nicht, die Etappe des Loslassens zu bewältigen und sich dann auf die Entdeckung ihrer eigenen Identität konzentrieren zu können. Folglich musste ich mehr Zeit dem Thema „Loslassen" einräumen. Tatsächlich ist es nicht nur wichtig, seine Trauer auszuleben, sondern auch seine Wunden durch Verzeihen zu heilen.

Die folgenden Beispiele von Menschen, die „vom Leben verwundet" waren, können gut veranschaulichen, welche Sperren das Verwirklichen der eigenen Lebensaufgabe zu verhindern vermögen.

Eine junge Frau war Opfer einer Vergewaltigung geworden und konnte es sich nicht verzeihen, dass sie sich in eine derart gefährliche Situation begeben hatte. Sie konnte kein Vertrauen mehr zu Männern haben und hielt alle für potenzielle Vergewaltiger. Ein junger Mann, den sein Vater verlassen hatte, sah sich von da an außerstande, seine Berufung als Helfer weiter zu verfolgen. Ein Mann, der noch unter einem schweren Liebeskummer litt, hielt sich für unfähig, noch einmal eine Frau wirklich lieben zu können und jemals eine Ehe einzugehen. Ein Geschäftsmann verlor durch das Scheitern seines Unternehmens sein Selbstwertgefühl und blieb gegenüber seinen Gläubigern voller Bitterkeit. In seinen Augen waren das alles Gauner, die ihm nicht die geringste Chance gelassen hatten, noch einmal auf die Beine zu kommen.

Nicht selten fühlen sich Menschen, die noch unter einer schweren Verletzung leiden, unfähig, gesund zu werden und sich eine neue Zukunft aufzubauen. Sie neigen vielmehr dazu, sich in Groll und Selbstmitleid einzuspinnen und immer wieder neu den Schmerz über die ihnen bereitete Enttäuschung hochkommen zu lassen. So klammern sie sich weiterhin an einer schmerzlichen Vergangenheit fest, was ihre Gegenwart verdirbt und sie daran hindert, sich auf eine verheißungsvollere Zukunft hin auszurichten. Ihre Angst, noch einmal verletzt zu werden, sitzt ihnen im Nacken und verbaut ihnen allen Mut zum Risiko und Erfolg. Sie haben ihr Selbstvertrauen verloren und sehen keine Möglichkeit mehr, ihren Lebenstraum zu verwirklichen. Solange sie nicht von ihrer Verletzung geheilt sind, bleibt ihnen die Möglichkeit verbaut, mit Erfolg nach ihrer Lebensaufgabe zu suchen.

In einem ersten Schritt soll darum jetzt aufgezeigt werden, wie notwendig es ist, sich aktiv um Vergebung zu bemühen, um sich auf diesem Weg selbst von seinen Verletzungen zu heilen und zu befreien. Zum zweiten soll es dann um die Einsicht gehen, dass sich einem die Möglichkeit eröffnet, einen neuen Sinn für sein Leben und sogar seine Lebensaufgabe zu erkennen, wenn man eine Wunde akzeptiert und behandelt.

Seine Wunden durch Verzeihen heilen

Die Psychologen erkennen immer deutlicher den heilenden Wert des Verzeihens. Bei einer systematischen Untersuchung von Menschen, die zu ihrer eigenen Heilung das Verzeihen praktizierten, stellte sich heraus, dass sie, sobald sich ihr Selbstwertgefühl eindeutig gesteigert hatte, in bemerkenswertem Maß weniger Anzeichen von Angst, Depression und Wutanfällen erkennen ließen. Diese inzwischen wissenschaftlich belegten therapeutischen Auswirkungen dauern mehrere Jahre lang an und nehmen in dieser Zeit sogar noch zu (Enright 1998, 58–59, 71). Daher dürfte es nützlich sein, hier kurz noch einmal die

Etappen des Verzeihens in Erinnerung zu rufen, die ich unlängst in meinem Buch *Comment pardonner?* ausführlich dargelegt habe.

Beschließen, lieber zu verzeihen als sich zu rächen

Der Schritt zum Verzeihen bahnt sich an, wenn man den festen Entschluss fasst, sich nicht zu rächen und damit aufzuhören, dem anderen weh zu tun.

Entscheidet man sich für diesen Weg, so ist es wichtig, in seinem Leben ganz grundsätzlich die Haltung des Verzeihens zu entwickeln, statt sich dazu jedes Mal im Einzelfall durchzuringen. Man sollte sich sogar von vornherein gegen eine instinktive Rache-Reaktion vorsehen. Die Rachevorstellung kommt ja derart spontan, dass sie die Bereitschaft zum Verzeihen regelrecht überfahren kann.

Wenn von der Rache die Rede ist, denkt man gewöhnlich an alle möglichen Gewalttaten. Das ist die aktive Form der Rache. Doch es gibt auch eine passive Form der Rache. Sie nährt sich von einer stummen Wut, durch die man am Leben gehindert wird und auch um sich herum kein Leben aufkommen lässt.

Diese stumme Form der Wut äußert sich auf unterschiedliche Weisen: als Depression, Nostalgie, bitterer Humor, Mangel an Initiative und Begeisterungsfähigkeit, Apathie, Trockenheit im Herzen, ständiger Zustand unsagbaren Überdrusses usw. Was für eine unnötige Energieverschwendung! Damit vergiftet man sein eigenes Leben und das der Menschen in seiner Umgebung.

Die Entscheidung, es dem Menschen, der einen verletzt hat, nicht „teuer stehen kommen zu lassen“, bedeutet übrigens nicht, dass man sich weiterhin seinem destruktiven Einfluss aussetzen würde. Ganz im Gegenteil: Man muss seine gesamte positive Kraft aufbringen, um sich auf gewaltfreie Weise gegen weitere Verletzungen zu verwahren. Würde man dabei Gewalt einsetzen, so hieße das, dem Rache-Instinkt nachzugeben.

Zuweilen betrachtet man die „Verzeiher“ als Schwächlinge. Das würde stimmen, wenn die Opfer darauf verzichten würden, dem, der sie verletzt hat, energisch die Stirn zu bieten. Der Schritt zum Verzeihen hat nichts mit Feigheit und Schwäche zu tun; im Gegenteil, er zeichnet sich durch Mut und entschiedenen Widerstand gegen alle Formen des „Opferseins“ aus, in die man gedrängt werden könnte. Wäre das nicht der Fall, dann bliebe das Verzeihen bloß eine alberne Heuchelei.

Seine Verletzung zugeben

Würde jemand seine Verletzung hartnäckig ins Vergessen verdrängen, den, der ihn verletzt hat, entschuldigen, oder leugnen, überhaupt emotional angeschlagen worden zu sein, dann würde er es nie schaffen, dem anderen zu verzeihen. Es ist unerlässlich, zuzugeben, dass man verletzt wurde und davon eine Wunde mitbekommen hat; allerdings sollte man dabei nicht zum Masochisten werden oder sich in der Opferrolle gefallen. Steht man nicht zur Tatsache, verletzt worden zu sein, so treibt die einem zugefügte Verletzung im Empfinden und der Gefühlswelt weiter ihr verheerendes Spiel und zehrt unbewusst an der eigenen Energie. Wer seine Verletzung leugnet oder so tut, als sehe er sie nicht, versperrt sich jeden Schritt in Richtung Vergebung. Diese Strategie des Verleugnens wirkt sich vor allem dahin aus, dass sie die Wunde im Unbewussten vergräbt. Auf der Ebene des Bewussten bleibt dann davon nur ein stummes schlechtes Gefühl übrig, ein gewisses Deprimiertsein, oder es kommt zu jähen Irritationen oder törichten Wünschen, am liebsten alles zu vergessen.

Mit jemandem über seine Verletzung sprechen

Will man sich aller Auswirkungen seines Verletztseins deutlicher bewusst werden, so gibt es dafür kein wirksameres Mittel als das, sich jemand anderem anzuvertrauen. Ist der Mensch, der einen verletzt hat, bereit, seine Verantwortung dafür zuzugeben, so sollte man zunächst einmal mit ihm darüber sprechen. Dann bestehen gute Aussichten, dass man als Verletzter in der Lage sein wird, ihm zu verzeihen. Ein altes Sprichwort bestätigt tatsächlich: „Ein Fehler, den man zugibt, ist schon halb verziehen.“

Leider ist derjenige, der den anderen verletzt hat, nicht immer dazu bereit, seine Verantwortung einzuräumen, oder zuweilen kann man ihn auch gar nicht mehr treffen. In diesen Fällen ist es das Beste, man spricht sich bei einem Menschen aus, dem man in Sympathie verbunden ist und der in der Lage ist, sich die Unglücksgeschichte in aller Ruhe anzuhören. Das hat eine ganze Reihe heilsamer Wirkungen: Man sieht die schmerzliche Begebenheit in einem etwas anderen Licht; man empfindet großen Trost darin, die Last seines Schmerzes mit jemand anderem teilen zu können; man ist besser in der Lage, unerwartete Lösungen zu finden und man entdeckt in sich ungeahnte Kraft, diese ins Werk zu setzen.

Das, was in einem verletzt ist, deutlich erkennen und darüber trauern

Es kann sein, dass man unter dem Schock einer Beleidigung nicht gut zu erkennen vermag, welcher Teil des eigenen Wesens nun eigentlich darunter leidet. Oft hat man den Eindruck, man sei als Mensch insgesamt angeschlagen. Die falsche Vorstellung, derart stark beeinträchtigt worden zu sein, führt dann in die Ohnmacht, überhaupt reagieren zu können und hindert einen daran, auch nur den geringsten Schritt in Richtung Vergebung machen zu können. Man muss es um jeden Preis vermeiden, sich in seiner Opferrolle zu gefallen. Stattdessen sollte man sich unbedingt daran machen, die tatsächliche Natur seiner Verletzung zu erkennen. Dazu können die folgenden Fragen helfen: „Welcher Teil meiner selbst ist da eigentlich genau verletzt worden? Bin ich in meiner Würde angeschlagen, in einer meiner Fähigkeiten, in meinem Selbstwertgefühl, in meinem Stolz, in der Liebe zu den Meinen, in meiner materiellen Habe, usw.?“ Oft kommt dabei eine alte, noch nicht ganz verheilte Verletzung aus der Kindheit wieder ans Licht. Wenn es einem gelingt, Natur und Umfang seiner Verletzung genauer zu bestimmen, ohne sie zu übertreiben, erleichtert das den Trauerprozess.

Mit seiner Wut richtig haushalten

Eine der größten Schwierigkeiten auf dem Weg zum Verzeihen ist das richtige Haushalten mit der eigenen Wut. Sie nimmt verschiedene Formen an, etwa die Verkleidung als Frustration, Unzufriedenheit oder Unsicherheit, oder auch die augenfällige als heftiger Zorn, aggressive Abneigung, ja Tobsucht. Wird die Wut nicht kanalisiert, so läuft sie Gefahr, sich in sich selbst fatal zu verheddern und zur „passiv-aggressiven" Wut zu werden. Man wird dann ständig innerlich aufgewühlt, von heftigen Ressentiments verfolgt und von Rachephantasien heimgesucht. Wendet man die Wut gegen sich selbst, so läuft man Gefahr, von einem starken Schuldgefühl geplagt zu werden. Lenkt man sie auf andere ab, so fügt man unschuldigen Menschen ungerechterweise Verletzungen zu, oft seinen Allernächsten. Und schließlich projiziert man seine aggressive Stimmung auf seine Umgebung und hat dann nicht nur Angst vor der Aggressivität der anderen, sondern auch vor seiner eigenen.

Im Idealfall besteht das richtige Haushalten mit der eigenen Wut darin, ihr Vorhandensein zuzugeben, sie sich bewusst zu eigen zu machen und sie auf konstruktive Weise zum Ausdruck zu bringen. Statt sie zu verdrängen, muss man sich ihrer bedienen, um gegen die schlechte Behandlung durch den, der einen verletzt, zu protestieren. Die Wut ist nicht in sich eine „negative" Emotion, wie man das oft behauptet hat. Im Gegenteil, sie dient zur Wahrung der bedrohten Integrität des Menschen. Wird sie bewusst und gezielt eingesetzt, so verblasst sie und räumt einer anderen unterschwelligen Emotion das Feld, gewöhnlich der Traurigkeit. Wenn diese dann zum Vorschein kommt, kann man bewusst an seiner Trauer arbeiten und sich in Richtung Verzeihen auf den Weg machen.

Die Harmonie in sich selbst wiederherstellen

Diese Etappe stellt einen Wendepunkt auf dem Weg zum Verzeihen dar. Wenn man sich selbst vergibt, hört man damit auf, sein eigener Peiniger zu sein. Bei jeder schweren Verletzung kommt nämlich ein eigenartiger Mechanismus in Gang: Das Opfer identifiziert sich instinktiv mit dem, der ihm weh tut, ahmt ihn nach und tut sich selbst weiterhin weh.

Zur Wiederherstellung der Harmonie in sich selbst muss man also damit aufhören, sich selbst die Schuld zu geben und Vorwürfe zu machen: „Ich hätte es kommen sehen müssen! Warum habe ich mich nur auf die Liebe zu so einem Menschen eingelassen? Warum neige ich immer wieder dazu, in solche Situationen zu geraten? Ich muss eine regelrechte Masochistin sein und bin wirklich strohdumm. Mir ist einfach nicht zu helfen!" Alle diese gegen sich selbst gerichteten Vorwürfe halten den Fortschritt in Richtung Vergebung an. Daher ist es wichtig, den eigenen inneren Dialog zu ändern und es zu lernen, sich selbst mit Güte und Nachsicht zu behandeln, wie man es in einer vergleichbaren Situation mit seiner besten Freundin tun würde.

Sich selbst zu verzeihen bedeutet, die Harmonie zwischen zwei Teilen seiner selbst herzustellen: demjenigen, der sich an die Stelle dessen versetzt hat, der einem weh getan hat, und demjenigen, der das Opfer war. Einerseits geht es also darum, die Gewalttätigkeit seines verinnerlichten Peinigers aufzulösen und aus ihm einen Beschützer zu machen, und andererseits, die Würde des Opfers wiederherzustellen.

Den verstehen, der einen verletzt hat

Es wäre unklug, diese Etappe anzugehen, ehe man seine innere Einheit wiedergefunden hat. Erst wenn man in sich die Harmonie wiederhergestellt hat, ist man in der Lage, sich dem Menschen, der einen verletzt hat, zuzuwenden und ihm mit Ruhe und Gelassenheit ins Gesicht zu schauen. Tut man das vorher, so läuft man Gefahr, ganz verwirrt zu werden.

Das Bemühen, den, der einen verletzt hat, zu verstehen, bedeutet keineswegs, sich anzustrengen, sein folgenschweres Verhalten zu entschuldigen oder gar zu billigen. Vielmehr versucht man dabei, ihn in seinem Kontext zu sehen und sich damit besser erklären zu können, warum er sich so verhalten hat. Dazu kann man sich die folgenden Fragen stellen: „Unter welchen Umständen hat er mir diese Verletzung zugefügt? Wie lässt sich ein solches Verhalten bei ihm erklären? Durch die Geschichte seiner eigenen Verletzungen? Durch das, was er früher in seiner Familie erlebt hat? Aus seinen Enttäuschungen und Misserfolgen, aus seinem Kummer usw.?"

Alle Auskünfte, die man über den Betreffenden erhält, tragen dazu bei, das Urteil, das man sich über ihn macht, abzumildern.

Wenn man den Menschen, der einen verletzt hat, besser versteht, kann man auch sein Verhalten besser von seiner Person lösen, was einen daran hindert, ihn für immer zu „verteufeln.“ Indem der Verletzte es vermeidet, den, der ihn verletzt hat, mit seiner schlechten Tat gleichzusetzen und zu glauben, er könne sich nie ändern, verschafft er sich die Möglichkeit, ihn in etwas anderem Licht zu sehen, nämlich als schwachen Menschen, der entwicklungsfähig ist und eventuell das, was er getan hat, bereuen kann.

Nach der Verletzung wieder einen Sinn für sein Leben finden

Die vorhergehenden Etappen waren notwendig, um zu gewährleisten, dass der verletzte Mensch emotional wieder geheilt ist. Ist dieser Schritt geschafft, so muss der Verletzte sich von dem, was er emotional durchgemacht hat, lösen und auf Distanz dazu gehen, ohne es jedoch zu verleugnen. Dieses Abstandschaffen ermöglicht es ihm, das Erlebte besser ins Gesamt seines Lebens einzuordnen, einen Sinn darin zu erkennen und damit auch wieder sein eigenes Dasein positiv bejahen zu können.

Da diese Etappe für die spirituelle Gesundung so ungemein wichtig ist, habe ich ihr einen eigenen Abschnitt ganz am Ende dieses Kapitels gewidmet: „Die sich aus Verlusten und Verletzungen ergebenden Lebensaufgaben.“

Aus spirituellen Quellen schöpfen

Die im Verlauf der bisherigen Etappen beschriebene Heilung einer Verletzung bereitet das Herz auf das Verzeihen vor. Aber das ist nur der Anfang der Vergebung. Das französische Wort *pardon* enthält den buchstäblichen Sinn von *don parfait*, „vollkommene Gabe.“ Eine derartige zur höchsten Vollkommenheit der Liebe vorangetriebene Gabe übersteigt die menschlichen Kräfte bei weitem. Daher sagt das Sprichwort: „Sich rächen ist menschlich, aber vergeben ist göttlich.“ Die Vergebung geht weit über alles hinaus, worum sich der Mensch mit seiner Willenskraft bemühen kann, mag er auch noch so großzügig und weitherzig sein. Sie erfordert einen Überschuss an Liebe, eine besondere Gnade, die nur von Gott selbst kommen kann. Die traditionellen Religionen bestätigen einhellig: „Allein Gott kann ganz vergeben."

In der Psychologie fragt man sich heute, ob dem Menschen Vergebung ohne die Hilfe Gottes überhaupt möglich sei. Manche humanistische Psychologen bejahen das und machen daraus nur eine einfache therapeutische Technik. Dem kann ich mich nicht anschließen, denn dabei läuft man Gefahr, die Vergebung nur auf ein Heilmittel zu reduzieren und von ihrem eigentlichen Ziel abzulenken: der Selbstüberschreitung in der Feindesliebe. Letztlich ist es das tiefe Empfinden, ganz bedingungslos von Gott geliebt zu sein und bei ihm Vergebung zu finden, was zu einer Geste von solcher Großzügigkeit, wie es die Vergebung ist, befähigt. Denn wie sollte man denn lieben können, wenn man nicht das Gefühl hätte, geliebt zu werden? Und genauso: Wie sollte man verzeihen können, wenn man nicht zuinnerst davon überzeugt wäre, dass einem auch selbst verziehen ist?

Der Verzeihende erfreut sich der Gnade Gottes, die ihm eine ganz besondere, jede menschliche Liebe übersteigende Liebe schenkt. Sie ist es, die ihn zum Vergeben befähigt. Ja, seine Vergebung ist lediglich das Echo jener Vergebung, die zunächst einmal Gott ihm gewährt hat. Bis zu einem gewissen Punkt ist der vergebende Mensch also nicht selbst der Urheber seiner Vergebung, sondern der Empfänger der Vergebung Gottes. Einzig die Kraft der Vergebung, die er von Gott erhalten hat, setzt ihn in den Stand, auch seinerseits Vergebung schenken zu können.

Man kann also sagen: Die Vergebung ist die Frucht des Zusammenwirkens von menschlichem Bemühen und göttlicher Gabe. Sie bewahrt einen davor, in die Fallstricke des Gelüsts nach Rache zu geraten; sie macht einem die eigene Verletzung bewusst und heilt sie; sie stellt das Selbstwertgefühl und das Vertrauen auf die eigenen Kräfte wieder her; sie bringt einem wieder zu Bewusstsein, dass man mit der Gnade Gottes etwas Neues schaffen kann. Die Vergebung eröffnet eine neue Zukunft und ermöglicht es einem, seine Lebensaufgabe zu verwirklichen.

Die sich aus Verlusten und Verletzungen ergebenden Lebensaufgaben

Viktor Frankl teilte nicht die pansexualistische Sicht Sigmund Freuds, derzufolge das Lustprinzip die Hauptmotivation jedes menschlichen Handelns sei. Frankl verbrachte während des Zweiten Weltkriegs lange Zeit in den Konzentrationslagern der Nazis. Er kam heraus mit der Überzeugung, nur ein einziger Grund habe ihn am Selbstmord gehindert, nämlich sein Glaube, das Leben habe einen Sinn, und er müsse ihn finden. Daraus zog er den Schluss, weder der Wunsch nach Lust noch der Wunsch nach Macht regierten den Geist des Menschen, sondern der Wille, seinem Leben einen Sinn zu geben. Über die Gefangenen in den Konzentrationslagern schrieb er: „Wehe dem, der kein Lebensziel mehr vor sich sah, der keinen Lebensinhalt mehr hatte, in seinem Leben keinen Zweck erblickte, dem der Sinn seines Daseins entschwand – und damit jedweder Sinn eines Durchhaltens. Solche Leute … ließen sich alsbald fallen“ (1947, 108). Er fügt hinzu, wie hoch auch immer das Maß des Leidens sei, dem man ausgesetzt werde, man könne immer einen Sinn für sein Dasein und einen Grund zum Leben finden.

Die Leere, die durch die Abwesenheit eines geliebten Wesens oder den Verlust eines kostbaren Guts entsteht, will unbedingt wieder ausgefüllt werden. Um in Fülle leben zu können, statt sich einfach nur über Wasser zu halten, muss der trauernde Mensch oder das Opfer einen neuen Sinn für sein Leben finden. Eine meiner Klientinnen sagte mir nach dem Tod ihres Mannes: „Mein Leben gleicht einem Buch mit lauter leeren Seiten. Ich weiß nicht mehr, was ich hineinschreiben soll.“ Da fragte ich sie, welchen Titel sie diesem Buch geben würde. Sie zögerte einen Augenblick und sagte dann: „Chantal, vorwärts!“

Es ist erstaunlich, ja paradox, dass nicht wenige Menschen gerade im Zusammenhang mit einem Verlust oder einer Verletzung eine neue Ausrichtung für ihr Leben finden. Ihre Berufung taucht mitten aus ihrer Trauer, ihrem Scheitern oder ihren Prüfungen heraus auf. Mir fällt da die Frau ein, die ein Opfer ehelicher Gewalt war und ein Haus für misshandelte Frauen gründete; oder das Ehepaar, dessen Sohn von einem betrunkenen Autofahrer getötet worden war und das es sich zur Lebensaufgabe machte, die Autoritäten zu größerer Wachsamkeit beim Ertappen von Betrunkenen am Steuer zu zwingen; und an jenen Querschnittsgelähmten, der seine klarsten Stunden der Aufgabe widmete, Mittel zur Unterstützung anderer Behinderter zu sammeln. Solche Beispiele gibt es recht viele.

Menschen mit einer Behinderung oder Opfer einer chronischen Krankheit erweisen sich oft als die besten Helfer. Sie haben den größten Teil der vielen Hilfsorganisationen in unserer Gesellschaft gegründet, weil sie infolge eines Unheils aus ihren eigenen inneren Quellen bislang ungeahnte Kräfte bezogen, um sich selbst zu heilen und anderen beim Gesundwerden zu helfen. Diese Menschen können sich besser in diejenigen hineindenken, die unter einem ähnlichen Übel leiden; sie kennen die Wege zur Heilung. Man könnte sagen, ihnen wurde die Berufung zum „verwundeten Heiler" zuteil.

Viele Menschen finden im Gefolge einer schweren Prüfung einen neuen Daseinssinn; jedoch verfallen zahlreiche andere genauso Geprüfte stattdessen in Depressionen, spielen den Märtyrer, werden durch und durch mürrisch oder spielen mit Selbstmordgedanken. Wer sich auf Dauer in einem solchen emotionalen Zustand einrichtet, wird dadurch in seiner Energie gemindert. Als ich bei einem Vortrag in Paris von der Möglichkeit gesprochen hatte, nach dem Tod eines geliebten Menschen einen neuen Sinn für sein Leben zu finden, musste ich die Wutausbrüche einer Mutter erleben, die den Tod ihres Kindes tief betrauerte. Sie griff das gesamte Pflegepersonal einschließlich der Ärzte und Psychologen scharf an. Ich hatte den Eindruck, sie gefiel sich mehr darin, in aller Öffentlichkeit ihrer Wut als trauernde Mutter freien Lauf zu lassen, als ihr Kind zu betrauern und einen Sinn für ihr Leiden zu suchen. Mir kam die folgende Überlegung: Ein derartiger Wutausbruch gegen das Pflegepersonal und gegen ihre Umgebung würde sich eines Tages auf die Gesundheit eines anderen Mitglieds ihrer Familie auswirken. Tatsächlich musste ich sogar erleben, dass meine Vorhersage richtig gewesen war, denn ich erfuhr später, dass auch ein weiteres ihrer Kinder an Leukämie gestorben sei.

Es geht hier ganz gewiss nicht darum, das Unglück, das uns treffen kann, zu leugnen. Aber wie Viktor Frankl in seinem Buch *Der Mensch vor der Frage nach dem Sinn* sagt, verfügen wir immer über die Möglichkeit, unsere Einstellung gegenüber dem Unglück zu ändern, um besser leben zu können. James Hillman sagt in seinem Buch *Charakter und Bestimmung*, es gehe weniger darum, sich Fragen zu stellen wie: „Wie bin ich bloß da hineingeraten?“ oder „Warum stößt das gerade mir zu?“, sondern eher: „Was erwartet mein Engel von mir?“

Wenn man im Gefolge einer schweren Prüfung seine eigene Lebensaufgabe entdeckt, eröffnet einem das die Möglichkeit, eine neue innere Freiheit zu erfahren und neue Horizonte aufzureißen. Man kommt dann aus einer Erfahrung, die einen hätte zerstören können, bereichert heraus. Man wird für den Anspruch seiner eigenen Lebensaufgabe sensibler. Man erlebt deutlicher, wie der Einsatz für andere geplagte Mitmenschen ihnen die Hoffnung bringt, die sie brauchen.

Als Hilfe dafür, im Gefolge eines großen Unglücks einen neuen Sinn für das Leben zu finden, schlage ich Ihnen vor, die Reihe der folgenden Fragen zu beantworten. Diese Fragen zielen darauf, die eigene Verletzung in wache Sensibilität umzuwandeln, ins Offensein für andere und in Aufgeschlossenheit für die eigene Lebensaufgabe.

Was habe ich aus meiner Trauer oder Verletzung gelernt?
Welche neuen Lebensquellen habe ich in mir entdeckt?
Welche Grenzen oder Schwächen habe ich in mir entdeckt und wie konnte ich mit ihnen umgehen?
Bin ich gegenüber den anderen menschlicher und einfühlsamer geworden?
Welchen neuen Grad an Reife habe ich erreicht?
Worin hat mich diese schwere Prüfung eingeführt?
Welche neuen Gründe, dass das Leben sich lohne, habe ich mir gegeben?
Bis zu welchem Punkt hat mir meine Verletzung der Grund meiner Seele offenbart?
Inwiefern haben sich meine Beziehungen zu den anderen verändert, und vor allem auch meine Beziehung zu Gott?
Wie hat sich das auf die Gestaltung des weiteren Verlaufs meines Lebens ausgewirkt?

Dritter Teil

Der Zwischenzustand

6
Die Phase „am Rand" oder im Schatten

Schlimmer Winter … Schlimmes Umhergeirre! Soviel Zeit
verloren beim Nicht-mehr-Wissen, wie es weitergehen soll: Leere,
Zwischenzustand, Verschwommenheit, Unbehagen, Unentschlossenheit,
Stillstand, Zweifel, Zögern, Nebel,
Ungewissheit … Leere Zeit, verlorene Zeit …
Schlimmes Umhergeirre! So schnell wie möglich damit aufhören …
daraus herauskommen … endlich!

Warum wird er derart gepriesen, der Winter,
diese Stillstands-Zeit, dieses nichts als Umherirren!
Schlimme Zeit, oder verkannte Zeit?
Soll man sie verachten, oder eher achten?
Viel zu wenig bekannte Zeit? Zeit, erst noch zu entdecken?
Zeit, die man sich zähmen sollte.

Michèle Roberge

Hat man seine Phasen der Trauer und des Verzeihens bewältigt, so tritt man in eine Phase ein, die man als „Randzustand" bezeichnen könnte. Es handelt sich um eine ganz wesentliche Etappe, in der man seine Identität vertieft und in der Folge seine Lebensaufgabe entdeckt. Die Versuchung ist groß, sich um diese unbequeme Zeit zu drücken, weil sie scheinbar ganz unnütz und leer ist.

Angeregt vom Buch über *Übergangsriten* des Anthropologen Van Gennep, stellt William Bridges ein in drei Zeitabschnitte unterteiltes Modell des Übergangs vor. Es handelt sich um 1. das Loslassen, das daraus besteht, sich vom vorherigen Zustand zu befreien, 2. das Dazwischen oder die Phase des „Randzustands" und 3. den Neueintritt in die Gemeinschaft. Van Gennep hat diese Übergangsschritte in den Initiationsriten der traditionellen Gesellschaften beobachtet. Nachdem die zu Initiierenden von ihrer Familien getrennt worden waren, erlegten ihnen die Leiter der Initiation eine Zeit der Absonderung auf, als „Zeit am Rand" bezeichnet, während der sie sie symbolisch für ihre Kindheit sterben ließen und in ihre künftige Rolle als Mann oder Frau einführten.

Mehr als eine spirituelle Tradition empfiehlt diese Phasen des Zwischenzustands in Einsamkeit, Schweigen und Meditation. Die Neophyten ziehen sich aus allen ihren alltäglichen Aktivitäten zurück, aus der Flut der üblichen Informationen, ihren gewöhnlichen Beschäftigungen, sozialen Verpflichtungen, Rollen und von der Gesellschaft ihnen entgegengebrachten Erwartungen. Dieser Rückzug in die Einsamkeit und das Schweigen ermöglicht es ihnen, sich über ihre Identität und womöglich auch ihre Lebensaufgabe klar zu werden. Viele bekannte Persönlichkeiten, die einen wichtigen Sendungsauftrag erhielten, nahmen sich eine derartige Zeit „am Rande", um die Antwort auf die Frage „Wer bin ich?" zu finden und sich auf ihre Berufung zu besinnen. Man denke etwa an Jesus, der vierzig Tage in der Wüste verbrachte, um sich seiner Identität als Sohn Gottes bewusst zu werden, ehe er mit der Erfüllung seines Auftrags begann.

Die Eigenart dieser „Randzeit"

Es ist das Verdienst von William Bridges, auf die große Bedeutung dieser Phase des „Zwischen" aufmerksam gemacht zu haben, die die „Übergänger" von heute oft übersehen, weil sie zu sehr darauf aus sind, über ihre Trauer hinauszukommen und sich in ein neues Abenteuer zu stürzen. Bridges bezeichnet sie als die „neutrale Zone", weil sich darin nichts abzuspielen scheint. In der Literatur finden sich dafür auch verschiedene andere Bezeichnungen: Phase des Zwischen, der Suche, Randzeit, Inkubationszeit; oder man fasst sie ins poetischere Bild des Winters. Tatsächlich wirkt sie wie eine Zeit, in der alles eingefroren und fixiert wirkt, scheinbar steril und unproduktiv.

Auf psychologischer Ebene ist diese Etappe des Übergangs ein Zustand, in dem alles am Schwimmen ist; es scheint sich nichts zu tun, ja alles wirkt sogar verworren und leer; es ist eine Zeit der spirituellen Inkubation und Erkundung. Man lebt darin mit stummem Unbehagen; man klammert sich verzweifelt ans Vergangene oder versucht die Flucht nach vorn. Man hat den Eindruck, sich im Kreis zu drehen, auf der Stelle zu treten, vor dem Nichts zu stehen; ja man hat sogar das Gefühl, nichts mehr zu sein. Hier einige Beispiele dafür: Da hat jemand gerade die Kündigung seiner Arbeitsstelle erhalten, muss eine Stelle aufgeben, die einen besonderen sozialen Status gewährleistet hatte, muss sich von einem Partner trennen, muss seine Kinder ausziehen lassen oder muss verkraften, dass die eigene Gesundheit dahin ist. Von da an kann sich der Betreffende nicht mehr über seine sozialen Beziehungen definieren; er steht plötzlich ohne feste Anhaltspunkte da, mittels deren er bestimmen kann, wer er nun eigentlich ist. Doch trotz dieses entmutigenden äußeren Anscheins handelt es sich dabei um einen Zustand besonderer Gnade, der einem geboten wird, damit man sich selbst genauer anschaut und seine Identität tiefer erkundet.

Michèle Roberge sagt in ihrem Buch *Tant d'hiver au cœur du changement* über diesen „Randzustand“: „Je mehr ich mich mit dieser Vorstellung vom Umherirren beschäftige und diese Zeit des Übergangs erfahre, lebe, entdecke und vertiefe, desto deutlicher wird mir bewusst, wie geheimnisvoll, erstaunlich, verwirrend und dennoch immer faszinierend sie ist“ (1998, 119). Da diese Phase unbequem ist, macht sie gewöhnlich Angst. Man möchte sie lieber übersehen oder überspringen. Ihr ist es eigen, ein Gefühl der Leere zu vermitteln, wie es ein Trapezkünstler haben wird, der gerade das eine Trapez losgelassen hat und durch die Luft fliegend auf das andere wartet, das noch nicht da ist. Man erlebt dabei einen Augenblick absoluter Hilflosigkeit und weiß nicht, woran man sich klammern soll, um seine Identitätskrise zu lösen.

Eine schwierige, aber notwendige, weil fruchtbare Phase

Diese Phase, in der man wie zwischen zwei Trapezstangen durch die Luft fliegt, ohne sich an etwas halten zu können, ist durchaus nicht nutzlos, sondern unbedingt notwendig, um sich selbst neu zu finden und zu orientieren. Als besonders guter Kenner der einzelnen Veränderungsschritte hat ihr William Bridges eine wichtige Funktion zuerkannt. Sie ermöglicht es, das eigene Innere auszuloten und von dort her den eigenen großen Lebenstraum aufsteigen zu lassen. Auch wenn während des Winters dem Anschein nach alles unfruchtbar bleibt, wird in dieser Zeit etwas ausgetragen und für die Geburt vorbereitet. So ist in ihr also in Wirklichkeit ein geheimnisvoller kreativer Prozess im Gang. Wenn man seine eigene Lebensaufgabe erkennen will, hängt das wie bei jedem kreativen Werk davon ab, ob man diesem Vorgang seine notwendige Reifungszeit, seine Inkubationszeit lässt. Würde ein Künstler nur hektisch arbeiten, statt seine Inspirationen langsam kommen zu lassen, so würde er nur Oberflächliches und Klischeehaftes zustande bringen. Das gleiche gilt für das kreative Entdecken der eigenen Lebensaufgabe. Man muss ziemlich lange seine Verwirrung aushalten, bis sich allmählich klar eine originelle Vorstellung von der eigenen Lebensaufgabe abzeichnet.

Ratschläge für das richtige Bewältigen der „Randzeit"

Die spirituellen Meister kennen diese psychische Wüste recht gut, in der der Betreffende das Gefühl hat, zu sterben. Sofern man die Geduld aufbringt, darin auszuharren, fängt die Wüste langsam zu blühen an. Um mit dieser Zeit „am Rand" besser umgehen zu können, sind folgende Mittel zu empfehlen:

- Sich eine Auszeit nehmen oder Einkehrtage halten, jedenfalls sich Zeit dafür nehmen, einmal aus dem Alltagsgetriebe auszusteigen.
- Sich eine stille Umgebung suchen, zum Beispiel in der Natur, wo man ruhiger und geduldiger wird, wenn man einem Bach zuschaut oder Pflanzen oder Tiere betrachtet.
- Sich ins Alleinsein zurückziehen und es im Schweigen lernen, über seine unablässiges inneres Geschwätz hinauszukommen und die tieferen Strebungen der eigenen Seele wahrzunehmen.
- Bestimmte Übungen machen, um sich besser auf sein Inneres konzentrieren zu können; ein Tagebuch führen; seine Autobiographie schreiben; um Gottes Hilfe beten, usw.

- Darum beten, dass einem eine neue Vision bezüglich seiner eigenen Lebensaufgabe zuteil werde und dabei den Traum des Ideals, das einem vorschwebt, hochkommen lassen.
- Eine Wallfahrt machen. Das Dahinwandern als Pilger symbolisiert die Seele, wie sie zu einem spirituellen Ziel unterwegs ist.

Freunde von mir waren einmal mehr als einen Monat lang zu Fuß auf dem Pilgerweg nach Santiago de Compostela unterwegs. Sie erzählten mir, nach einiger Zeit hätten sie dabei das Gefühl gehabt, ihre Seele werde bloßgelegt. Dadurch seien sie imstande gewesen, in direkten Kontakt mit ihrem eigenen Schatten zu kommen, also mit dieser verborgenen Seite ihrer selbst. Tatsächlich begünstigt der Aufenthalt in dieser Zwischen-Zeit das Hochkommen des Schattens der eigenen Person. Ich will hier zu einigen konkreten Übungen anregen, die helfen können, den eigenen Schatten zu erkunden und bewusst zu integrieren.

Der Schatten: ein aus Angst vergrabener Schatz

Was ist der Schatten?

Der Schatten ist alles das, was wir aus Angst, von den für unser Leben wichtigen Menschen abgelehnt zu werden, in unser Unbewusstes verdrängt haben. Bestimmte Verhaltensweisen oder Eigenarten unseres Charakters haben wir nämlich unterdrückt, um nicht die Zuneigung bestimmter Menschen zu verlieren, sie zu enttäuschen oder ihnen weh zu tun. Schon früh haben wir gelernt, zu unterscheiden, was in ihren Augen akzeptabel ist und was nicht. Um ihnen nicht zu missfallen, haben wir also schleunigst große Anteile unserer selbst ins Vergessen des Unbewussten verdrängt. So haben wir alles unternommen, um uns möglichst schon die geringste verbale oder schweigende Missbilligung von ihrer Seite zu ersparen.

Der Schatten ist das Gegenstück zum idealen Ich, das man als *persona* bezeichnet, ist also jene Anpassungsfähigkeit, die immer darauf aus ist, den Erwartungen seiner Umgebung und ganz besonders denjenigen seiner Erzieher zu entsprechen. Die *persona* hält es für notwendig, wichtige Aspekte des eigenen Charakters im Unbewussten zu verstauen, in ihrem „Müllsack“, wie es der Dichter Robert Bly ausdrückt. Er sagt, bis ungefähr zum dreißigsten Lebensjahr fülle man ständig diesen Sack, um den anderen zu gefallen und von ihnen akzeptiert zu werden. Anschließend müsse man ihn dann wieder leeren und sich das alles wieder zu Eigen machen, was man in ihn hineingestopft hatte.

Der Schatten und die Lebensaufgabe

Der Schatten birgt den Schlüssel für die Lebensaufgabe des Menschen. Er ist näher an der Mitte des Menschen als die *persona*, die stärker den Erwartungen der Umgebung zugewandt ist. Und weil der Schatten dem Selbst näher ist, gibt er auch deutlicher die eigentlichen Wünsche des Tiefen-Ich wieder. Will man sich selbst besser kennen lernen, so ist es wichtig, dass man aus seinem „Müllsack“ die unentwickelten, unbekannten oder abgelehnten Teile seiner selbst hervorholt. Nur wenn man das tut, entdeckt man die tiefsten Strebungen seines Wesens und folglich das, wozu man als einzelner und einmaliger Mensch berufen ist.

Eine ganz wesentliche Voraussetzung für das Finden der Lebensaufgabe: die Reintegration des Schattens

Das Bemühen, seinen Schatten wieder zu integrieren, das heißt, in seine Gesamtpersönlichkeit harmonisch einzufügen, zielt weniger auf die Entdeckung dessen, was ich *bin*, sondern eher auf die Erkenntnis dessen, wer *wir* mit unseren Unter-Persönlichkeiten *sind*. Tatsächlich sind wir mehrere Wesen zugleich. Sie haben gewiss das Gefühl, Ihren ganz eigenen Charakter zu haben. Aber zuweilen werden Sie doch selbst überrascht feststellen, dass Sie in der Beziehung zu verschiedenen Menschen nicht immer genau der gleiche Charakter sind. Das ist fast ein wenig so, als zögen Sie ähnlich wie ein anderes Kleid einen anderen Charakter an. Tatsächlich sind Sie ein vielschichtiger Charakter, der je nach Situationen und Umständen immer etwas unterschiedliche Seiten seiner selbst an den Tag legt.

Das häufigste Hindernis für die Entdeckung der eigenen Lebensaufgabe ergibt sich aus dem Umstand, dass man in seiner Identität in etliche Unter-Persönlichkeiten aufgespalten ist. Da jede dieser Unter-Persönlichkeiten in ihre eigene Richtung gehen möchte, zersplittert man seine Energie, statt sie zu konzentrieren. Das ist zum Beispiel bei zahlreichen jungen Erwachsenen der Fall, die sich zu nichts recht entschließen können, weil ganz unterschiedliche Stimmen auf sie einreden: Da gibt es die Erwartungen des Vaters, die Wünsche der Mutter, die Ratschläge von Freunden, die Ansprüche der Umgebung, die Lockungen der Konsumgesellschaft usw. Da sie sich zu sehr darauf verlegt haben, auf alle diese anderen Stimmen zu achten, hören sie die Stimme ihrer eigenen, aus ihrer Tiefe stammenden Orientierung überhaupt nicht mehr. Oder es geschieht auch, dass recht talentierte Jugendliche angesichts der Fülle der sich bietenden Möglichkeiten überhaupt nicht mehr wissen, wohin sie den Kopf wenden sollen. Ich kannte einen jungen Erwachsenen, der sich einfach nie entscheiden konnte, weil er derart zwischen seinen zahlreichen Vorlieben hin und her gerissen war: von seinem Wunsch, Priester zu werden, von seinem Hang zu Elektronik, von seiner künstlerischen Begabung. Er machte schließlich überhaupt nichts Sinnvolles, weil er bei der Entscheidung für etwas Bestimmtes alles andere ziemlich hätte einschränken müssen.

Die Zersplitterung stellt also ein Haupthindernis dafür dar, dass man seine Lebensaufgabe deutlich erkennt. Umgekehrt hat das Bemühen, seine Unter-Persönlichkeiten zusammenzuführen, einen Synergie-Effekt, der den Betreffenden in die Lage versetzt, klar seine Lebensaufgabe zu erkennen und ihm dazu auch noch den Mut verleiht, sie anzupacken.

Es folgt nun eine Reihe von Übungen, die dazu dienen sollen, den eigenen Schatten und seine Reichtümer deutlicher zu erkennen. Zunächst soll es darum gehen, die Facetten des eigenen Schattens deutlicher zu erkennen und zu umschreiben; dann geht es in einem zweiten Schritt darum, sie sich zu reintegrieren. Wer zu diesem Thema noch mehr erfahren möchte, sei auf mein Buch *Umarme deinen Schatten: Negative Energien in positive verwandeln* (Herder 2001) verwiesen.

Es ist kein einfaches Unternehmen, den Schatten deutlich zu erkennen, der sich im Lauf vieler Jahre im eigenen Unbewussten immer stärker ausgebildet hat. Wenn man sich ihm nähert, kann es oft sein, dass man sich verwirrt und ziemlich desorientiert vorkommt. Darum muss man sich an diese Arbeit mit Umsicht und Demut machen. Man sollte sich erst daran begeben, wenn man sich emotional im Gleichgewicht fühlt, und wenn möglich, sollte man sich dabei von einer Person, zu der man Vertrauen hat, begleiten lassen.

Es folgt eine Reihe von Fragen, die Ihnen helfen können, die Umrisse der verschiedenen Aspekte Ihres Schattens auszumachen. Am besten schreiben Sie sich Ihre Antworten in Ihr Heft. Sie können sie dann anschließend im Tagebuch Ihrer Entdeckungen bezüglich Ihrer Lebensaufgabe zusammenfassen.

Erste Frage
Was empfinden Sie an Ihrem sozialen Ich als besonders schmeichelhafte Züge, um derentwillen Sie von den anderen geschätzt werden möchten? Haben Sie einen oder mehrere solche Züge Ihrer *persona* gefunden, dann fragen Sie sich: Welche dazu entgegengesetzten Eigenschaften oder Züge musste ich verdrängen, um geschätzt und geliebt zu werden? Ein Beispiel: Wenn Sie etwa als sanfter, großzügiger und heiterer Mensch geschätzt werden möchten, dann ist es ziemlich wahrscheinlich, dass Sie dazu Ihre Aggressivität, Ihre Ichbezogenheit und Ihre Ansätze zu schlechter Laune ziemlich unterdrücken mussten. Diese Charakterzüge, die Sie schließlich verdrängt haben, stellen in Wirklichkeit verschiedene Facetten Ihres Schattens dar.

Bringen Sie jetzt den Mut auf, deren Wert und Legitimität anzuerkennen. Sagen Sie dazu: „Ich habe das Recht, kämpferisch zu sein. Ich habe das Recht, mich darum zu kümmern, dass es mir gut geht. Ich habe ein Recht auf meine schlechte Laune." Achten Sie genau auf die Gefühle, die Ihnen in dem Augenblick kommen, in dem Sie diese Worte aussprechen. Was das bei den einzelnen Menschen emotional auslöst, kann ganz unterschiedlich sein. Manche sagen: „Ich fühle mich ganz verwirrt", andere: „Ich fühle mich schuldig und schäme mich"; wieder andere schließlich behaupten: „Ich fühle in mir ganz neue Kräfte." Mit dieser Übung haben Sie angefangen, Ihren Schatten zu zähmen.

Zweite Frage

Gibt es bestimmte Gesprächsthemen, die Sie zu vermeiden neigen?

Das könnten etwa die Sexualität, die Aggressivität, der Glaube oder bestimmte ehrgeizige Ziele sein oder auch Gebiete, auf denen Sie sich nicht richtig auskennen. Was Sie hier entdecken, offenbart eindeutig Ihre Angst davor, eine Seite Ihrer selbst zu zeigen, wegen der Sie sich genieren. Wenn Sie zu Ihrem Gesprächspartner nicht völliges Vertrauen haben, ist es Ihnen peinlich, die betreffenden Themen aufs Tapet zu bringen. An dem Tag, an dem Sie diese Scheu überwinden – und wählen Sie dafür am besten einen diskreten und Ihres Vertrauens würdigen Menschen –, können Sie bereits einen wichtigen Erfolg bei der Zähmung Ihres Schattens verbuchen.

Dritte Frage

In welchen Situationen spüren Sie, dass Sie nervös und überempfindlich werden und in Abwehrstellung gehen? Welche Art von Bemerkungen bringen Sie auf die Palme?

Wundern Sie sich selbst über die Lebhaftigkeit Ihrer Reaktion? Wenn Ja, ist das ein Zeichen, dass jemand bei Ihnen an etwas rührt, das Sie nicht ganz akzeptieren. Die Unlust, die Sie dabei verspüren, oder Ihre übertriebene Reaktion zeigen eindeutig, dass jemand an dieser Stelle einen empfindlichen Aspekt Ihres Schattens ans Licht zerrt, den Sie lieber versteckt halten möchten.

Vierte Frage

Unter welchen Umständen haben Sie das Gefühl, unterlegen zu sein oder nicht genügend Selbstvertrauen zu haben? Passiert es Ihnen, dass Sie sich einer Situation nicht gewachsen fühlen, weil Sie sich für sie zu wenig kompetent, sprachgewandt, intelligent, erfahren usw. halten? Das ist dann ein Anzeichen dafür, dass ein Schatten ans Licht kommen möchte.

In meiner Ausbildungszeit war ich eine Zeit lang mit einer Gruppe zusammen, die hauptsächlich aus Künstlern bestand. Ich verstand nicht recht, warum ich mich in dieser Gesellschaft dauernd nicht richtig wohl fühlte, bis mir klar wurde, dass ich bei mir selbst jede künstlerische Äußerung vernachlässigt, ja geradezu verdrängt hatte.

Fünfte Frage

Sind Sie gegen Kritik an Ihrer Person besonders empfindlich? Welche Arten von Kritik reizen Sie besonders oder irritieren Sie sogar?

Eine heftige Reaktion auf eine bestimmte Bemerkung weist wiederum auf eine Facette Ihres Schattens hin, die dabei freigelegt wird. Wenn eine bestimmte Kritik aus Ihrer Umgebung ziemlich oft wiederholt wird und Sie jedes Mal genauso lebhaft darauf reagieren, bedeutet das, dass die anderen einen verborgenen Aspekt Ihrer Person offen legen, den Sie versteckt haben und nicht zeigen wollen.

Diese Art Reaktion ließe sich unter Umständen jedoch auch anders erklären: Nämlich, dass Sie vielleicht von einer Gruppe zum „Sündenbock“ gestempelt worden sind. Dann müssten Sie sich mit der Frage auseinandersetzen, was in Ihnen die anderen dazu verleitet hat, ausgerechnet auf Sie ihr Schatten-Material abzuladen.

SechsteFrage

Angesichts wovon fühlen Sie sich bezüglich Ihrer selbst aufgewühlt oder unzufrieden? Könnte das vielleicht zum Beispiel Ihre äußere Erscheinung sein oder einer Ihrer Charakterzüge? Wenn ja, so besteht die Wahrscheinlichkeit, dass Sie entweder einen tatsächlichen Mangel oder etwas, was Sie als Schwäche betrachten, verbergen wollen. In diesem Fall ist es gut möglich, dass Ihnen Ihre *persona* bestimmte unerreichbare Ideale des Erfolgs, der Schönheit oder der Vollkommenheit aufsteckt.

Wenn Sie es schließlich fertig bringen, Ihre Unvollkommenheiten, Mängel, Schwächen und Fehler anzunehmen, ist das ein Zeichen dafür, dass Sie mit der Zähmung Ihres Schattens begonnen haben. Hätten Sie damit nicht begonnen, sich jene Art Weisheit zu erwerben, die man als Demut bezeichnet?

Siebte Frage

Durch welche Eigenschaft zeichnet sich Ihre Familie in ihrer Umgebung besonders aus? Jede Familie besitzt ja einen ganz bestimmten besonderen Charakterzug. Von den Monbourquettes etwa sagt man: „Das sind ehrliche Leute." Von den Meiers sagt man vielleicht: „Das sind Draufgänger", von den Müllers: „Das sind ewige Schaffer" oder von den Schmids: „Die sind ungemein gastfreundlich." Wollen Sie den Schatten Ihrer Familie ausmachen, so müssen Sie nur die genau entgegengesetzte Eigenschaft zu derjenigen herausfinden, für die Ihre Familie bekannt ist. Eine Familie kann vielleicht, um ihren Ruf der Ehrlichkeit zu wahren, gezwungen gewesen sein, auf eine gewisse Zurückhaltung oder Diplomatie zu verzichten; die bekannten „Draufgänger" dürfen sich vielleicht keinerlei Äußerungen von Angst erlauben; die „ewigen Schaffer" würden sich schämen, sich einmal eine Zeit des Nichtstuns zu gönnen; und die „Gastfreundlichen" erlauben es sich vielleicht nicht mehr, für ihre Familie eine angemessene Privatsphäre zu beanspruchen, obwohl sie das ganz gern tun würden.

Der Familien-Schatten wäre also das, was eine Familie sich nicht zu leben oder auszudrücken erlaubt.

Achte Frage

Geht Ihnen jemand auf die Nerven, reizt Sie ständig, bringt Sie regelmäßig zur Weißglut? Dann können Sie sicher sein, dass Sie auf diesen Menschen ein Stück Ihres Schattens projizieren.

Nehmen Sie sich die Zeit, bei dem Betreffenden genau herauszufinden, welcher Aspekt von ihm bei Ihnen eine derartige Antipathie weckt. Dazu beobachten Sie genauer, auf welche Weise Sie dieser Charakterzug stört und irritiert. Wenn Sie zum Beispiel die Vulgarität von jemandem nicht ausstehen können, steht sie im krassen Gegensatz zu Ihrem Sinn für Höflichkeit und Diskretion. Fragen Sie sich dann, ob es Ihnen nicht ganz gut täte, Ihre womöglich zu starke Sensibilität und übertriebene Höflichkeit etwas zu verringern, indem Sie es lernen, sich auf etwas direktere und schlichtere Weise gegenüber den anderen zu behaupten. Das heißt nicht, dass jetzt auch Sie in ein vulgäres Benehmen verfallen müssten, sondern vielmehr, dass Sie etwas forscher und direkter auf andere Menschen zugehen sollten. Sie können dabei durchaus Ihre Diskretion und Höflichkeit wahren, sollten jedoch die etwas übertriebene Äußerung dieser Eigenschaften mit etwas mehr Selbstvertrauen und festerem Auftreten ausgleichen. Dann würden Sie, statt in einer Hinsicht ganz vollkommen zu sein, ausgewogener und „ganzer".

Die Reintegration des Schattens

Zweifellos werden Sie bei sich mehrere Facetten Ihres Schattens entdeckt haben. Ich schlage Ihnen jetzt vor, sich ans Werk zu machen und sie zu integrieren. Dazu möchte ich Sie auffordern, sich etwas Zeit zu nehmen und dann immer nur einen Aspekt Ihres Schattens auf einmal zu reintegrieren.

- Eine erste unerlässliche Bedingung für die Reintegration einer Facette seines eigenen Schattens ist, sie genau benennen zu können. Sie werden staunen: Sobald Sie ihr einen Namen gegeben haben, verfügen Sie über viel mehr Macht über sie. Sie genau auszumachen, ist bereits ein Mittel, sie zu akzeptieren. Ein unerkannter Schatten wird bösartig und aggressiv; wird er dagegen genau erkannt und akzeptiert, so wird er zum wertvollen Verbündeten.

Was Ihnen bislang an Ihrem Schatten „dämonisch" vorkam, wandelt sich zum *daimon*, das heißt zu einem guten Geist, der Ihr Wachstum begünstigt und Ihnen hilft, sich selbst voll zu entfalten. Für mich war es zum Beispiel ein großer Gewinn, meiner ignoranten Seite in mir zu begegnen, das heißt dem Teil, der noch nicht alles weiß, jedoch begierig darauf ist, so weit zu kommen. Dadurch konnte ich meine „allwissende" Seite mit meiner „ignoranten" versöhnen. Von da an hörten sie auf, sich gegenseitig zu bekriegen und arbeiteten Hand in Hand für mein Weiterwachsen.

- Ein zweites hilfreiches Mittel für die Reintegration des Schattens besteht darin, sich lebhaft ein Zwiegespräch mit jemandem vorzustellen, der einem unsympathisch ist oder auf die Nerven geht. Sprechen Sie in Ihrer Vorstellung diesen Menschen zunächst an und sagen Sie ihm, was Sie an ihm nicht mögen oder was an ihm Ihnen Angst macht. Versetzen Sie sich hierauf in seine Person und geben Sie die Antwort auf das, was Sie ihm gesagt haben. Sie werden dabei zunehmend den Eindruck bekommen, mit diesem Menschen in eine kooperative Beziehung zu treten. Fahren Sie mit diesem Dialog fort und versuchen Sie sogar, mit ihm darüber zu verhandeln, ob Sie nicht bestimmte Eigenschaften oder Charakterzüge miteinander tauschen könnten. Wenn der betreffende unsympathische Mensch zum Beispiel recht kämpferisch ist, bitten Sie ihn, Ihnen etwas von seiner Kämpfernatur abzugeben, und bieten Sie ihm Ihrerseits ein Stück Ihrer Sanftmut oder Nachgiebigkeit an.

Wenn Sie dann mit dem Zwiegespräch fertig sind, bedanken Sie sich bei dem Betreffenden dafür, dass er Ihnen einige Elemente beigebracht hat, mit denen Sie Ihren Charakter bereichern können. Wenn man so verfährt, lernt man es nicht nur, seinen „Feind" zu respektieren, sondern man findet zugleich eine Möglichkeit, selbst ein Stück weiterzuwachsen.

- Eine dritte Methode für die Reintegration des eigenen Schattens besteht darin, dass man sich zwei gegensätzliche Symbole schafft, die man dann in einem dritten, das beide integriert, zur Einheit bringt. Diese Übung ist von der so genannten „Berta-Theorie" (nach Mario Berta) inspiriert.

Hier die einzelnen Schritte.

1. Erschaffung des ersten Symbols
Wählen Sie ein Symbol (Tier, Gegendstand, mythische oder Phantasiegestalt), das zum Ausdruck bringt, was Sie am liebsten sein möchten, wenn Sie in einer anderen Welt und einem anderen Leben wären.

Beschreiben Sie seine Eigenschaften. Bei einem Steinbock würden Sie zum Beispiel wahrscheinlich sagen: Er ist gewandt, stolz, edel, kampflustig usw.

2. Erschaffung des zweiten Symbols
Wählen Sie ein Symbol (Tier, Gegenstand, mythische oder Phantasiegestalt), das zum Ausdruck bringt, was Sie auf keinen Fall sein

möchten, wenn Sie in einer anderen Welt und einem anderen Leben wären. (Dieses zweite Symbol entspricht Ihrem Schatten.)

Beschreiben Sie seine Eigenschaften. Bei einem Gassenköter würden Sie zum Beispiel wahrscheinlich sagen: Er ist schmutzig, heruntergekommen, ausgehungert, verängstigt, unterwürfig usw.

3. Bitten Sie Ihr Selbst – Ihre Personmitte, die die beiden psychischen Pole zur Übereinstimmung bringen kann –, die Synthese dieser beiden Symbole herzustellen.

Heben Sie zu beiden Seiten Ihres Körpers Ihre Arme bis zur Schulterhöhe und schauen Sie Ihre eine Hand an, dann die andere. Stellen Sie sich dann vor, in ihrer rechten Hand sähen Sie das positive Symbol (zum Beispiel den Steinbock).

Hierauf stellen Sie sich in Ihrer linken Hand das negative Symbol vor (zum Beispiel den Gassenköter).

Lassen Sie sich dann viel Zeit, beide Hände aufeinander zuzubewegen und miteinander zu vereinen, und bitten Sie dabei Ihr inneres Selbst, Ihre göttliche Mitte, beide Symbole zur Integration zu bringen und Ihnen das Symbol zu schenken, in dem sie beide vereint sind.

Vielen Kursteilnehmern, die diese Übung machen, gelingt es, im Geist deutlich ein drittes, „integrierendes" Symbol vor Augen zu haben. Dabei stellen sie zu ihrer Überraschung fest, dass dieses neue Symbol oft einen sakralen oder religiösen Charakter annimmt. So werden sie zu Zeugen der schöpferischen Kraft ihres Selbst, das die beiden offensichtlich gegensätzlichen Symbole zur Harmonie zu bringen vermag. Das dritte Symbol bewirkt im Übenden gewöhnlich eine große Ruhe, Gelassenheit und Harmonie.

◆ ◆ ◆

Gregg Levoy rät dazu, sich häufig mit dem eigenen Schatten zu beschäftigen, weil das eine wertvolle Hilfe sei, um die im Geheimnis der eigenen Person vergrabene Lebensaufgabe zu entdecken: „Wenn wir uns auf der Suche nach unseren Träumen und unseren Leidenschaften im freien Fall ins Meer unserer Psyche fallen lassen;

wenn wir in die Brunnen unseres Unbewussten hinabsteigen; wenn wir unsere Geschichte mit derjenigen unserer Menschenaffen-Vorfahren in Austausch bringen; und wenn wir uns dafür Zeit nehmen, mit unseren inneren Dämonen und unserem *daimon* ins Gespräch zu kommen – dann bewirkt das alles, dass wir immer weniger Angst vor unserer inneren Dunkelheit haben“ (1997, 323f.).

Wenn man sich die Energien seines Schattens wieder zu eigen macht, trägt das dazu bei, seine Lebensaufgabe klarer zu erkennen und sie besser anpacken zu können. Der gleiche Autor schreibt: „Jedes Mal, wenn wir einen Ruf ernst nehmen und ihm folgen, besänftigen wir die in uns verborgene Angst wieder ein Stück mehr …“

7
Die Suche nach der eigenen Identität

Das Adlerküken, das sich für ein Huhn hielt

Ein Bergsteiger entdeckte ein verlassenes Adlernest, in dem noch ein Ei lag. Er nahm es behutsam heraus und vertraute es daheim einem Bauern an, in der Hoffnung, eine Henne könne es ausbrüten.

Es dauerte nicht lange, und zusammen mit etlichen Hühnerküken kam auch das Adlerküken zur Welt. Die Henne nahm sich seiner genau wie aller ihrer anderen Nachkömmlinge an und zog es groß. Eines Tages sah es einen Adler über dem Himmel seine Kreise ziehen. Da sagte es zu den anderen: „Wenn ich groß bin, will ich wie dieser Vogel fliegen." Die anderen lachten es aus und sagten: „Du bist doch ein Huhn wie wir!" Da schämte sich das Adlerküken, benahm sich weiter wie ein Huhn und pickte bescheiden seine Körner.

Als der Bauer sah, dass es schon fast ausgewachsen war, wollte er es zum Fliegen bringen. Er ergriff es mit beiden Händen und warf es in die Höhe. Aber in seiner Überzeugung, es könne überhaupt nicht fliegen, öffnete das Adlerjunge gar nicht seine Flügel. Es stürzte unbeholfen zu Boden und zog sich das Gelächter des ganzen Hühnerhofs zu.

Ein wenig später machte der Bauer einen zweiten Versuch. Dieses Mal stieg er mit dem Adlerjungen auf das Dach der Scheune, warf es in die Tiefe und rief ihm nach: „Fliege, du bist ein Adler!" Da entfaltete der Vogel ängstlich seine Flügel – und tatsächlich: Sie trugen ihn. Er kreiste einige Male über dem Hühnerhof und flog dann in Richtung Gebirge davon.

Identität und Lebensaufgabe gehen Hand in Hand. Wer sich selbst nicht richtig kennt oder falsche Vorstellungen von sich hat, wird dadurch bei der Entdeckung seiner Lebensaufgabe behindert. Das Wort *Identität* kommt vom lateinischen *idem*, das „dasselbe" bedeutet. Die Identität verweist auf das, was immer dasselbe bleibt, also sich durch alle Veränderungen und Wechselfälle des Lebens eines Menschen hindurch als stabil und dauerhaft erweist.

In der Leere, die durch das Loslassen entsteht, taucht unwillkürlich die Frage „Wer bin ich?“ auf und stellt sich immer dringlicher. In der Phase des Zwischen oder des „Rands“ überkommt einen eine Identitätskrise; man kann sich nicht mehr über seine Beziehungen, seine Arbeit, seine Funktion, seinen sozialen Status, seine Besitztümer, sein Ansehen usw. definieren. Seiner äußeren Attribute entblößt, ist man mit sich allein und muss herausbringen, wer man nun eigentlich ohne das alles ist.

Mittels des Loslassens im Verlauf des Trauerprozesses und des Verzeihens von Verletzungen hat man sich schon ein gutes Stück weit seine künstliche Identität abgeschminkt. Dadurch hat man schon stärker den Kontakt mit seinem wahren Ich (dem Selbst) gefunden, mit seiner Tiefen-Identität, in der die Lebensaufgabe angelegt ist.

C. G. Jung sah im „Selbst werden“ das Ziel jedes psychologischen Bemühens. Für ihn war der Weg zur Selbsterkenntnis der Dialog zwischen dem bewussten Ich mit dem unbewussten Selbst, dem spirituellen Zentrum. Das Selbst lässt sich nicht direkt erfassen, sondern nur über seine bewussten Äußerungen: Träume, Tagträume, Projektionen, mentale Bilder, Intuitionen usw. Will man das Selbst genauer wahrnehmen, so muss man also alle Zeichen, die es von sich gibt, auswerten. Wenn man sich diese Mühe macht, kann man die Grundzüge des Selbst herausschälen und seine Grundausrichtung erkennen, und damit seine eigene Lebensaufgabe.

Es folgen jetzt zwei Reihen von Übungen, die helfen sollen, die Natur des eigenen Selbst besser zu erkennen. Bei der ersten Reihe ist der Ansatz „negativer“ Art, das heißt, dabei geht es darum, das Selbst zu „desidentifizieren“, oder einfacher gesagt: alles von ihm wegzunehmen, was es nicht ist. Die zweite Reihe geht den Weg der Symbolik und leitet dazu an, genau auf die Bilder zu achten, mittels deren das Selbst sich immer wieder offenbart.

Erste Übung zur „Desidentifikation" oder Befreiung von oberflächlichen Identitäten

Wie bereits gesagt, lässt sich die Tiefen-Identität des Menschen vom bewussten Ich nicht direkt und voll entdecken. Ein erster Zugang zum Selbst besteht darin, zu sagen, was es alles *nicht* ist. Das ist die Übung der „Desidentifikation."

Sammeln Sie in einem ersten Schritt zunächst einmal alle Eigenschaften oder Attribute, die Sie sich selbst zulegen. In einem zweiten Schritt wird es dann darum gehen, sie in Kategorien einzusortieren, die Sie definieren, angefangen von den äußerlichsten bis zu den innerlichsten. Bei dieser Übung geht es darum, Ordnung in die Wahrnehmungen zu bringen, die Sie von sich selbst haben.

- Schreiben Sie mitten auf ein leeres Blatt Papier Ihren Namen und ziehen Sie einen Kreis darum. Dann wiederholen Sie sich zehn Minuten lang immer wieder die Frage: „Wer bin ich?" und beantworten Sie diese jedes Mal mit ein oder zwei Worten.

Unterlassen Sie es, Ihre Antworten zu zensieren; lassen Sie sie spontan kommen und schreiben Sie sie unverzüglich rings um Ihren Namen. Wenn auf die Frage nicht gleich ein Wort kommt, schreiben Sie „klemmt" hin und stellen Sie die Frage wieder. Sie können diese Übung zwar auch allein machen, aber es ist besser, sie mit jemand anderem zu unternehmen, der ständig wiederholt: „Wer bist du?"
Ein Beispiel:

Schriftsteller treu guter Freund
ich Priester ein Mensch
Therapeut klemmt
liebenswürdig schüchtern
Helfer **Jean** Psychologe
Seminarleiter sensibel
empfindlich kanadischer Bürger
Professor an Saint-Paul spiritueller Begleiter
Sohn des Henri

- Wenn Sie damit fertig sind, sortieren Sie alle diese Wörter in eine der folgenden Kategorien ein.

Erste Kategorie
Alles, was mit Arbeit, Funktion und sozialem Status zu tun hat. In meinem Fall würde ich hier die folgenden Wörter unterbringen: Professor, Schriftsteller, Seminarleiter, Sohn des Henri.

Zweite Kategorie
Charakterzüge, ohne zwischen positiven und negativen zu unterscheiden. Also wieder in meinem Fall: schüchtern, treu, sensibel, empfindlich, guter Freund, liebenswürdig.

Dritte Kategorie
Die spirituellen Ideale, die man als „Archetypen" bezeichnet. Sie stehen nicht nur für eine Arbeit oder soziale Funktion, sondern für Ideale, die einem am Herzen liegen. In meinem Fall: Priester, spiritueller Begleiter, Therapeut, Helfer.

Vierte Kategorie
Hier geht es direkt um die eigene Identität. In diese Kategorie passen nur wenige Wörter. In meinem Fall habe ich nur drei gefunden: Jean, ich, Mensch.

- Haben Sie alle Wörter aufgeteilt, nehmen Sie sich noch einmal der Reihe nach alle Bezeichnungen vor und schreiben Sie sie sich zu. Verwenden Sie dazu bei den ersten drei Kategorien das Verb *haben* und behalten Sie das Verb *sein* der vierten Kategorie vor.

Beispiele:
1. Ich *habe* die kanadische Staatsbürgerschaft, ich habe den Beruf des Professors, ich habe die Rolle des Seminarleiters, ich habe eine Sohnesbeziehung zu meinem Vater Henri usw.
2. Ich *habe* freundschaftliche Beziehungen, ich habe ein treues Wesen, ich habe eine empfindliche Art usw.
3. Ich *habe* die Berufung zum Priestertum, ich habe einen Auftrag als spiritueller Begleiter usw.
4. Ich *bin* ich; ich *bin* ein Mensch; ich *bin* Jean.

Überlegen Sie jetzt genau, was Sie empfunden haben, als Sie vom *ich habe* zum *ich bin* übergegangen sind. Oft fühlen sich die Teilnehmer, die konzentriert bei dieser Übung mitmachen, freier und gelöster. Sie merken, dass sie sich nicht mehr von ihren Attributen identifizieren und somit festlegen lassen, weil diese nämlich nicht beschreiben, was sie in Wirklichkeit sind. Damit haben sie sich in die „Desidentifikation" eingeübt, das heißt, sich von ihren oberflächlichen Identitäten befreit.

Man muss den Gebrauch des Verbs *sein*, also das *„ich bin"*, strikt der Beschreibung seiner Identität vorbehalten. Allzu oft wird dieses Verb unzulässiger Weise gebraucht. Damit schreibt man dann sich selbst und auch anderen fälschlicherweise eine ganze Reihe von Identitäten zu. So kann man dann zum Beispiel unbedacht sagen: „Ich bin Alkoholiker"; „ich bin eine Lügnerin"; „du bist Psychotiker", während es richtiger und befreiender wäre, zu sagen: „Ich neige zum Alkoholmissbrauch"; „ich erzähle zuweilen Lügen"; „du hast psychotische Anwandlungen".

Zweite Übung zur „Desidentifikation"

Diese zweite Übung zur *Desidentifikation* ermöglicht es, seine wirkliche Identität zu „intuieren", also intuitiv zu erfassen. In der Psychosynthese betrachtet man das als ganz entscheidende Übung. Sie zielt darauf, den Menschen alles dessen zu entkleiden, was nicht wesentlich zu seinem Selbst, also zu seiner eigentlichen Identität, gehört. Es geht also um das Loslassen aller falschen Identitäten, mit denen man sich ausstaffiert hat, in der falschen Meinung, sie seien wesentliche Bestandteile des eigenen Seins.

Wenn Sie diese Übung allein machen wollen, ist es nützlich, den folgenden Text auf eine Kassette zu sprechen und sich dann diese vorzuspielen. Sie brauchen dann während der Übung nicht hier weiterzulesen und können damit wesentlich konzentrierter sein. Es steht Ihnen natürlich frei, den Text für sich selbst persönlicher umzuformulieren.

Nehmen Sie eine bequeme Haltung ein. Lassen Sie sich Zeit, um sich in Ihrem Inneren zu sammeln. Schließen Sie die Augen. Lassen Sie langsam die Spannungen in Ihrem Körper los.

Verweilen Sie bewusst bei Ihrem Atem. Verfolgen Sie mit, wie Sie langsam ein- und ausatmen. Das hilft Ihnen, sich tiefer in ihrem Inneren zu sammeln.

Sie brauchen sich jetzt überhaupt keine Mühe zu geben, etwas herauszufinden oder zu begreifen. Lassen Sie sich einfach von den folgenden Worten führen.

Ich habe einen Körper, aber ich bin nicht mein Körper.

Täglich sterben Tausende meiner Körperzellen ab, und zugleich entstehen täglich Tausende neu. Mein Körper verändert sich und altert. Ich aber bleibe immer ich. Mein Körper wandelt sich unablässig, aber ich bleibe immer der/die gleiche.

Ich habe Schmerzen, aber ich bin nicht meine Schmerzen.

Schmerzen entstehen, sie kommen und gehen, aber ich bleibe immer die/der gleiche.

Ich habe Gefühle, aber ich bin nicht meine Gefühle.

Ich habe Frustrationen, aber ich bin nicht meine Frustrationen.

Ich habe Ängste, aber ich bin nicht meine Ängste.

Ich habe Sorgen, aber ich bin nicht meine Sorgen.

Meine Gefühle, meine Frustrationen, meine Ängste, meine Sorgen kommen und gehen unablässig, aber ich, ich bleibe immer der/die gleiche.

Mir gehen unablässig Bilder und Phantasien durch den Kopf, aber ich bin nicht diese Bilder und Phantasien. Diese Bilder und Phantasien tauchen auf und versinken, aber ich, ich bleibe unverändert.

Ich habe Ideen, aber ich bin nicht meine Ideen.

Sie entwickeln sich unablässig, aber ich, ich bleibe immer identisch mit mir selbst.

Ich habe Sehnsüchte und Hoffnungen, aber ich bin weder meine Sehnsüchte noch meine Hoffnungen. Diese Sehnsüchte und Hoffnungen verändern und entwickeln sich, aber ich, ich bleibe immer die/der gleiche.

Ich habe Willen und Verstand, aber ich bin nicht mein Wille und nicht mein Verstand. Diese Fähigkeiten entfalten sich in mir und erschlaffen auch wieder, aber ich, ich ändere mich nicht.

Ich habe ein Herz und habe etliche Lieben, aber ich bin weder mein Herz noch meine Lieben. Mein Herz und meine Lieben sind Schwankungen unterworfen, aber ich, ich bin keiner Schwankung unterworfen, sondern bleibe immer, die/der ich bin.

Ich habe in meinem Leben Verluste erlitten und musste mit traurigen Anlässen fertig werden, aber ich bin weder meine Verluste noch meine traurigen Erfahrungen. Ich werde über meine Verluste hinwegkommen und meine Trauer bewältigen, aber durch alle diese Wandlungen werde ich immer der gleiche Mensch bleiben.

Ich bin mehr als mein Körper, mehr als meine Gefühle, mehr als meine Fähigkeiten, mehr als meine Lieben, mehr als meine Trauer.

Ich, ich bin …

Schweigen Sie jetzt etliche Minuten lang. Sie werden vermutlich ein tiefes Gefühl des Friedens und der Stille empfinden. Das wäre das Zeichen dafür, dass Sie an Ihre wahre Identität, an sich selbst, an Ihr Selbst, rühren.

Lassen Sie sich entsprechend Ihrem eigenen Rhythmus Zeit dafür, in Ihre äußere Welt zurückzukehren und wieder Kontakt mit Ihrer Umgebung aufzunehmen.

Diese Übung der Desidentifikation kann immer wieder recht hilfreich sein. Wenn man zum Beispiel Migräne hat, ist es wichtig, sich nicht ganz mit ihr zu identifizieren, so, als wäre man mit seinem ganzen Wesen nichts als Migräne. Besser sagt man dann: „Ich habe Migräne, aber ich bin nicht diese Migräne." Wenn man diese Unterscheidung macht, hilft das, besser mit seinem Schmerz umzugehen. Das Gleiche gilt für den Bereich der Gefühle. Wenn man schwer enttäuscht wird, kann man sich sagen: „Ich erlebe eine schwere Enttäuschung, aber ich bin nicht meine Enttäuschung, denn ich bin mehr als diese Enttäuschung." Damit „desidentifiziere" ich mich von ihr. Ich entkomme also dem Glauben oder der Vorstellung, ich sei nichts als Traurigkeit oder Schmerz. So ermöglicht es diese Übung, sich angesichts eines physischen Übels oder eines schmerzlichen Seelenzustands in seinem Inneren einen Raum des inneren Friedens und der Freiheit zu schaffen.

Man kann diese Übung auch noch mit dem folgenden Ritual begleiten: Nehmen Sie einen Zweig mit Blättern in die Hand, und reißen Sie bei jedem Schritt der Übung einige Blätter ab und lassen Sie sie zu Boden fallen. Wenn Sie dann am Schluss nur noch den nackten Zweig in der Hand halten, ist dieser ein Symbol für Ihr Selbst. Lassen Sie sich Zeit, um in Ruhe den seiner Blätter beraubten Zweig zu betrachten.

Die Symbolisierung meines echten Seins

Die Erkenntnis unseres Selbst, unserer Tiefen-Identität, vollzieht sich nicht auf logischem oder rationalem Weg. Sie spielt sich weithin unbewusst ab, auf dem Weg über unsere Tag- und unsere Nachtträume, unsere Phantasievorstellungen, unsere spontanen Intuitionen, unsere Inspirationen, unsere Projektionen usw. Das alles sind lauter Botschaften, die das Selbst in symbolischer Form sendet, eine Art von Lichtblitzen, die die Nacht des Unbewussten kurz aufreißen.

Als Mittel, um sein Selbst besser zu erkennen, empfiehlt C. G. Jung die *aktive Imagination*, mittels deren ein ausführlicherer Dialog zwischen dem Bewussten und dem Unbewussten entstehen kann. Der erste Schritt bei diesem mentalen Prozess besteht darin, das Bewusste auf die symbolischen Botschaften des Unbewussten aufmerksam zu machen. In einem zweiten Schritt verwendet das Bewusste dann diese Symbole, um sie auseinanderzufalten und auszulegen. Ich will mit einem Beispiel diese aktive Imagination veranschaulichen, bei der der wache Geist einen Dialog mit den symbolischen Elementen herstellt, die ihm das Unbewusste geliefert hat.

Da erinnert sich eine Frau, dass in ihrem Traum eine Schlange im Spiel war, und sie fragt sich, was diese symbolische Botschaft ihres Unbewussten wohl bedeute. So vergegenwärtigt sie sich noch einmal lebhaft dieses Schlangensymbol und bittet es, ihr zu erzählen, was es will und vorhat. Sie wartet und hört eine Antwort der Schlange. Hierauf erklärt sie der Schlange, was sie brauche, und richtet ihre Bitten an sie. So kommt ein Prozess des Austauschs und der Zusammenarbeit zwischen dem Schlangensymbol und der Frau, die von ihm geträumt hatte, in Gang. Die Frau lernt sich selbst besser kennen, indem sie genau auf die Botschaft des Selbst hört und sie auszulegen versucht.

Ich schlage Ihnen jetzt einige Übungen vor, die von der *aktiven Imagination* inspiriert sind. Es geht dabei darum, dass Sie in sich symbolische Bilder hochkommen lassen und dann mit diesen in einen Dialog treten. Diese kurzen Ausflüge ins Innere Ihrer Phantasiewelt erschließen Ihnen nach und nach einen besseren Zugang zu Ihrer Identität.

Erste Übung: Die Geschichten aufspüren, die einen Zauber auf Ihr Leben ausgeübt haben

Die Geschichten und Märchen, die Sie seit Ihrer Kindheit lebhaft angerührt haben, dienten nicht nur der Unterhaltung. Sie waren zugleich auch Filter, die Ihnen helfen können, sich selbst besser kennen zu lernen. Sie offenbarten Ihnen bestimmte Weisen des Daseins und des Verhaltens und der Sicht des Lebens. Sie formten Ihre Wahrnehmung der Wirklichkeit, trugen zur Interpretation Ihrer Erfahrungen bei und beeinflussten Ihr Verhalten und in der Folge auch die Wahl der Richtung, die Sie einschlugen. Die Gestalten dieser Geschichten und ihr Lebensauftrag übten auf Sie ganz klar eine starke Faszination aus und tun das immer noch. Sie offenbaren verschiedene Facetten Ihres Charakters.

1. Gehen Sie in die Stille und kommen Sie zu sich selbst. Versuchen Sie dann, sich an eine Geschichte zu erinnern, die Sie in Ihrer Kindheit ganz besonders gepackt hat. Fassen Sie sie mit einigen Sätzen zusammen. (Sechs bis acht Sätze.)

2. Bleiben Sie weiter in der Stille und gehen Sie wieder ganz in sich. Dann erinnern Sie sich an eine Geschichte, die Sie in Ihrer Pubertät oder auch noch in ihren Zwanzigerjahren besonders fasziniert hat. Fassen Sie sie mit einigen Sätzen zusammen. (Sechs bis acht Sätze.)

3. Konzentrieren Sie sich wieder in der Stille ganz auf Ihr Inneres. Erinnern Sie sich an eine Geschichte, die Sie erst unlängst fasziniert hat (Erzählung, Theaterstück, Film usw.) und die Ihnen immer noch nachgeht. Fassen Sie sie mit einigen Sätzen zusammen. (Sechs bis acht Sätze.)

4. Lesen Sie sich jetzt allein oder zusammen mit zwei, drei anderen die Zusammenfassungen dieser drei Geschichten vor. Stellen Sie sich sodann die folgenden Fragen.

Mit welcher Persönlichkeit aus der Geschichte oder Heldengestalt habe ich mich auf den verschiedenen Altersstufen meines Lebens identifiziert? Hat sich das Bild, das ich mir von den Heldengestalten gemacht habe, von einer Geschichte zur anderen gewandelt?

Was offenbaren mir diese Geschichten über die Weiterentwicklung meiner Wert- und Glaubensvorstellungen, meiner Beziehung zu den anderen und meiner Wahl von Vorbildern?

Was offenbaren mir diese Geschichten über meine psychospirituelle Entwicklung?

Zweite Übung: Ihre tieferen Wertvorstellungen erkennen

Diese Übung möchte Ihnen helfen, die tiefsten Strebungen Ihrer Seele zu entdecken. Sehen Sie sich zu diesem Zweck die historischen oder mythischen Heldengestalten, die Sie besonders bewundern, genauer an.

- Nennen Sie fünf Persönlichkeiten (Heldengestalten, Heilige, spirituelle Menschen, bewundernswerte Männer und Frauen usw.), die Sie ganz besonders bewundern.

- Formulieren Sie mit einigen Worten, was Sie an jeder dieser Persönlichkeiten besonders fasziniert.

- Beschäftigen Sie sich jetzt mit der Frage, ob diese Beschreibung derjenigen entsprechen würde, die Sie bezüglich Ihrer eigenen Sehnsüchte und Wünsche formulieren würden. Der Umstand, dass man bei einer Persönlichkeit die eine oder andere Eigenschaft oder Tugend besonders bewundert, ist ein gutes Anzeichen dafür, dass man sie selbst auch schon ein Stück weit hat oder wenigstens zu besitzen wünscht.

Das, was Sie aus dieser Übung über sich selbst gelernt haben, hilft Ihnen später dabei, Ihre persönlichen Archetypen zu definieren (s. Kap. 8).

Dritte Übung: die Symbole benennen, die am besten Ihre Identität darstellen

1. Wählen Sie sich anhand der folgenden Kategorien zwei Symbole aus, die am besten Ihre Identität beschreiben.

Welches Tier, welche Pflanze, welche Blume, welchen Baum würden Sie als Bild Ihrer selbst wählen?
Mit welchem Transportmittel würden Sie sich am ehesten vergleichen?
Mit welcher Landschaft würden Sie sich am ehesten vergleichen?
Mit welchem Körperteil würden Sie sich am besten dargestellt finden?
Weitere mögliche Typen von Symbolen: Möbel, Gebäude, Wetterlagen usw.

2. Beschreiben Sie ganz genau Ihre beiden Symbole. Sehen Sie zu, in welchem Maß diese Beschreibungen auch auf Ihren Charakter zutreffen.

Eine interessante Variante der gleichen Übung heißt *chinesisches Schattenspiel*. Man kann sie mit drei Personen spielen, die wir hier A, B und C nennen wollen.

- A nennt B eine Kategorie von Symbolen. Sie bittet ihn zum Beispiel, sich eine bestimmte Baumart auszuwählen.

- B nennt eine Baumart, zum Beispiel die Ulme und beschreibt sie genauer. C schreibt die Eigenschaften auf, die B seinem Symbol zuordnet und liest am Schluss die Zusammenfassung dieser Beschreibung vor. Zum Beispiel: „Meine Ulme ist groß und stark; sie steht allein auf einem Feld; ihr Laub bietet den Vögeln Gastfreundschaft; sie schützt vor Regen; manchmal fühlt sie sich allein und wäre gern in der Gesellschaft anderer Bäume, usw."

- Ist die Beschreibung des Symbols verlesen, so sagt C zu B: „Du bist groß und stark; du stehst allein auf einem Feld; aber du lädtst die Vögel ein, zu dir in dein Laub zu kommen; usw."
- Jetzt wird B gebeten, seine Reaktion darauf zu beschreiben, dass ihm diese Eigenschaften direkt zugesprochen worden sind. Dann geht die Übung weiter: B nennt C eine Kategorie von Symbolen und A übernimmt die Rolle der Protokollantin.

Vierte Übung: die Qualität(en) herausfinden, die aus Ihnen ein Original, ein einmaliges Wesen auf der Welt machen

In der Öffentlichkeit gibt man sich alle Mühe, die nützlichen Aspekte eines Produkts herauszustellen. Man vergleicht es mit anderen ähnlichen Produkten und hebt deutlich hervor, was im Vergleich mit ihnen seine einmaligen Vorzüge sind. Beispiele: Eine neue Tablette wird vorgestellt, die *schneller* als alle seitherigen Produkte das Sodbrennen behebt. Eine bestimmte Seife wäscht weißer als weiß und verbreitet einen besonders frischen Duft von Sauberkeit; der Zusatz von Blaukristallen lässt sie zum ungemein wirksamen Reinigungsmittel werden.

- Welche Art von Eigenschaften würden Sie besonders hervorheben, wenn Sie bei einer Bewerbung um einen Arbeitsplatz Ihren Wert herausstellen müssten: Intelligenz, Ausdauer, Hilfsbereitschaft, Rücksicht auf andere, Humor, Taktgefühl, Kraft, Loyalität usw.?

- Beschreiben Sie in drei Zeilen, was Sie zu einem einmaligen Wesen auf der Welt macht.

◆ ◆ ◆

Es gibt noch viele andere Übungen, mit deren Hilfe man seine Identität deutlicher herausfinden kann. Ich habe versucht, hier die wirksamsten vorzustellen, bei denen es darum geht, die bleibenden Charakterzüge herauszuarbeiten. Das „Erkenne dich selbst!", diese berühmte, einst über dem Portal des Tempels zu Delphi eingemeißelte Aufforderung, stellt ein ganz wesentliches Mittel dar, mit dessen Hilfe man die tiefsten Strebungen seiner Seele deutlicher ausloten kann.

8
Methoden für das Entdecken der eigenen Lebensaufgabe

Alice geht im Wunderland spazieren.
Entzückt wandert sie von einer Entdeckung zur anderen.
Da kommt sie an eine Weggabelung. Sie bleibt stehen und fragt sich, welchen Weg sie wählen soll. Sie ist ratlos.
Plötzlich sieht sie einen Hasen. Sie läuft auf ihn zu und sagt zu ihm: „Ich stehe vor einer Weggabelung. Könnten Sie mir bitte sagen, welchen Weg ich wählen soll?"
Der Hase fragt sie:
„Wohin wollen Sie denn?"
Sie zuckt mit den Schultern und gibt zur Antwort:
„Ich weiß es nicht!"
„Dann ist es ganz einfach, Fräulein", erwidert der Hase,
„Sie können den einen oder auch den anderen Weg nehmen."

Inspiriert vom Märchen Alice im Wunderland

Der Fortschritt, den man mit seiner besseren Selbsterkenntnis erzielt hat, gestattet es jetzt, die Frage anzugehen: „Was möchte ich aus meinem Leben machen?"

Das genaue Herausfinden der eigenen Lebensaufgabe ist eine Arbeit, die Nachdenken, intensives Bemühen, Geduld und Intuition erfordert. Es handelt sich darum, die Hinweise auf diese Lebensaufgabe zu erkennen und daraus allmählich abzulesen, worauf sie hinauslaufen. Diese Aufgabe gleicht dem Zusammensetzen eines Mosaiks. Solange der Künstler die kleinen Steinchen einzeln im Atelier zusammenklebt, kann sich ein Beobachter das Muster, das schließlich herauskommen soll, noch gar nicht vorstellen. Aber je mehr Mosaiksteinchen der Künstler zusammenfügt, desto deutlicher zeichnet sich für den Beobachter das endgültige Motiv ab.

Im vorliegenden und im folgenden Kapitel werden bestimmte Methoden dafür vorgestellt, wie man seine Lebensaufgabe besser erkennen kann. Möglicherweise genügt schon eine davon. Aber gewöhnlich ist es vorzuziehen, mehrere Methoden anzuwenden. Wenn deren Ergebnisse dann alle in die gleiche Richtung laufen, schält sich die Vorstellung von der eigenen Lebensaufgabe sicherer und präziser heraus.

Allerdings sollte man sich dabei nicht selbst an der Nase herumführen. Man erfindet seine Lebensaufgabe nicht selbst, sondern man lässt sie sich offenbaren. Die Methoden, die man zur Entdeckung seiner Lebensaufgabe anwendet, sind nur Hilfsmittel, die das Nachdenken und Meditieren über die eigenen inneren Wirklichkeiten erleichtern sollen: die Leidenschaften, inneren Anrufe, Visionen, Intuitionen, Begeisterungen, Phantasien, Träume, Interessen, körperlichen Symptome usw.

Wenn man seine Lebensaufgabe entdeckt, ist das also nicht die Frucht einer rein verstandesmäßigen Betätigung, und es verfügt nicht über die gleiche Klarheit und Präzision wie eine Verstandeseinsicht. Jack Kornfield macht darauf in seinem Buch *Frag den Buddha – und geh den Weg des Herzens* deutlich aufmerksam. Man muss „mit seinem Herzen ins Gespräch kommen“ und sich die richtigen Fragen bezüglich des Gebrauchs seiner Zeit, seiner Kräfte, seiner Kreativität und seiner Vorlieben stellen. Das ist eine geduldige innere Arbeit, umgeben von lauter Zweifeln, im Hin- und Hergerissensein und in der Abwechslung von Eifer und Angst. Die Methoden für das Entdecken der eigenen Lebensaufgabe zerstreuen nicht alle diesbezüglichen Zweifel und ersparen es einem auch nicht, bestimmten Risiken einzugehen.

Ihre Geschichte, der Nährboden für Ihre Zukunft

Das Leben in seiner Gesamtheit sehen

Die Vergangenheit kündigt die Zukunft an; ihre Leitlinien helfen, die eigene Lebensaufgabe zu erkennen. Wenn Sie Ihre persönliche Lebensgeschichte vor Ihrem inneren Auge vorüberziehen lassen, vergegenwärtigen Sie sich die Tiefenarbeit Ihrer Seele und werden sich nach und nach der inneren Anrufe bewusst, die Sie oft übersehen oder wieder vergessen hatten. Das englische Wort für sich erinnern, *remember*, ist zusammengesetzt aus *re* für „wieder“ und *member*, „Glied“, und bedeutet wörtlich „(zerstreute) Glieder wieder zusammensetzen“. Wenn man sich erinnernd mit seiner eigenen Lebensgeschichte beschäftigt, kann man also die verworrenen Einzelteile seines Lebens zusammensetzen wie die Bruchstücke eines Puzzle: verstreute Erinnerungen, unbefriedigte Sehnsüchte, abgebrochene Unternehmungen, nicht durchgeführte Pläne. (Das deutsche Wort „er-innern“ weist zudem darauf hin, dass man sich das alles dadurch noch einmal ganz neu, ja erst richtig und tief aneignet, ver„inner“licht, d. Ü.) Ganz allmählich wird dann sichtbar, in welche Richtung Ihre Lebensaufgabe geht, die sich im gesamten Verlauf Ihrer Lebensgeschichte immer wieder einmal kurz zeigt, wie ein roter Faden in einem bunten Gewebe.

Wenn Sie dann die gründliche Durchsicht Ihrer Vergangenheit abgeschlossen haben, sehen Sie sich genauer Ihre Leidenschaften, Ihre Neigungen, Ihre durchgängigen Interessen, Ihre verwirklichten oder aufgegebenen Träume an. Das hilft Ihnen, deutlicher zu erkennen, in welche Richtung Ihre Seele strebt und worum sie sich bemüht, um ihre Lebensaufgabe zu erfüllen.

Der Rückblick auf Ihre Lebensgeschichte

Die folgenden Anweisungen sollen Ihnen helfen, systematisch Ihre Vergangenheit in den Blick zu bekommen. Dazu brauchen Sie einige große Blätter Papier und etliche verschiedenfarbige Filzstifte.

- Schreiben Sie unten auf ein Blatt Papier Ihren Namen und Ihr Geburtsdatum.

- Halten Sie Einkehr in sich selbst und gehen Sie im Geist bis zu den frühesten Erinnerungen Ihrer Kindheit zurück.

- Fassen Sie schließlich der Reihe nach die Erinnerungen aus jedem Fünf-Jahres-Abschnitt Ihres Lebens mit ein, zwei Wörtern zusammen.

- Schreiben Sie diese Wörter von unten nach oben auf das Papier, ohne zu versuchen, sich selbst dabei zu zensieren. Verwenden Sie dabei für jede der folgenden Kategorien eine bestimmte eigene Farbe.

Persönliche Ereignisse: Erziehung, Schule, Spiele, Gesundheit, glückliche und unglückliche Begebenheiten, Krankheiten, Umzüge usw.

Beziehungsereignisse: Brüder und Schwestern, Freunde, Geburt von Kindern, Sterbefälle, Freundschaften, Ende von Freundschaften, Lieben, Liebeskummer, Gruppen, zu denen Sie gehörten usw.

Selbst Verwirklichtes: intensive Beschäftigungen, Arbeit, Arbeitsstellen, schulische Erfolge, selbst Vollbrachtes aller Art, Misserfolge, soziale Verantwortlichkeiten, Ehrungen usw.

- Kehren Sie dann zu Ihrem jetzigen Alter zurück und schreiben Sie spontan weiter, was Sie gern wären und tun würden.

Besinnung auf die Haupttendenzen in Ihrem Leben

- Heften Sie die Blätter mit der Rückschau auf Ihr Leben an eine Wand.

- Nehmen Sie eine bequeme Stellung ein und schauen Sie sich noch einmal in Ruhe das Panorama Ihres Lebens an. Fragen Sie sich, ob Sie nicht wichtige Ereignisse vergessen haben. Wenn Sie das zusammen mit jemand anderem machen, gehen Sie gemeinsam Ihr Leben durch und lassen Sie sich von den Kommentaren des anderen anregen.

- Der erste Schritt besteht jetzt darin, dass Sie die Ereignisse und Absichten sammeln, die die Tendenz haben, sich zu wiederholen. Sehen Sie also die Blätter mit der Beschreibung Ihrer Geschichte genau durch. Zeichnen Sie mit einer speziellen Farbe einen Kreis um die Begebenheiten, die Ihnen im Ablauf Ihres Lebens als besonders markant und immer wiederkehrend vorkommen (Übergänge, Beförderungen, Anlässe zur Trauer, Entscheidungen, Freuden, Leiden, größere Entscheidungen usw.). Nummerieren Sie sie.

- In einem zweiten Schritt fassen Sie jetzt diese markanten Begebenheiten unter bestimmten Kategorien zusammen. Sie können sie dem einen oder anderen der nachfolgend beschriebenen Archetypen zuordnen.

Archetypen

Für unseren Zusammenhang hier stellt ein Archetyp eine Grundgestalt mit einer speziellen Sendung oder Berufung dar. Er bezeichnet den Grundansatz, mit dem die Psyche in ihren Beziehungen zu den anderen sich zu verwirklichen geneigt ist.

Sie werden sich zweifellos in dem einen oder anderen dieser Archetypen ganz gut wiedererkennen, oder auch in mehreren aus dieser durchaus nicht erschöpfenden Liste.

Der Weise: Der Guru, der Mann oder die Frau, der/die guten Rat geben kann; der Meister oder die Meisterin, der alte weise Mensch usw. Er verfügt über eine tiefe Kenntnis von Mensch und Natur. Er/sie gibt die eigene Erfahrung mit Respekt vor den anderen und wohlüberlegt weiter.

Der Chef: Der König, der politische Mensch, der Regierende, Chef des Unternehmens, Orchesterchef usw., mit einer Vorliebe zum Leiten und Dominieren. Er verfügt über die Kunst, Menschen zu leiten. Er kann alles gut verwalten und die eigenen Projekte verwirklichen. Seine hauptsächlichste Qualität ist die Effizienz.

Der Mentor: Der Begleiter, der spirituelle Vater (oder die spirituelle Mutter), der aufmerksame Erzieher. Er kann die Menschen ermutigen, ihnen den Weg zeigen, auf dem sie zur Größe heranwachsen können. Er freut sich am Erfolg seiner Schüler, die er mit Ehrfurcht und Diskretion führt.

Der beschützende Elter: Einer, der andere umsorgt *(caregiver)*. Er vermag ein liebevoller Elter zu sein, ein aufmerksamer Helfer, Beschützer usw. Er achtet ständig aufmerksam auf die Bedürfnisse der anderen. Er ist sorgsam auf ihre körperliche, psychische und spirituelle Gesundheit bedacht.

Der Direktor: Der autoritäre Professor und Organisator. Er liebt verantwortungsvolle Aufgaben, die seine organisatorischen Fähigkeiten beanspruchen; er stellt die Regeln für das gute Funktionieren auf; er lehrt, wie man alles richtig machen muss; er nimmt gern alles selbst in die Hand und bringt chaotische Dinge wieder in Ordnung.

Der Heiler: Der Arzt, der Schamane, der Hexer. Er interessiert sich für alle Krankheiten und die vielfältigsten Formen der Heilung, sei es auf körperlichem, psychischem oder spirituellem Gebiet. Er hat einen ganzheitlichen Ansatz. Gewöhnlich ist er selbst ein **verwundeter Heiler:** da er selbst eine heilende Wunde hat, kennt er die zur Heilung notwendigen Bedingungen.

Der Künstler: Er ist von allem Schönen fasziniert. Er ist auch Kunstkritiker oder Ästhet. Zuweilen ist er selbst **Schöpfer**; in seinem Wunsch, etwas zu erschaffen, greift er auf verschiedene künstlerische Disziplinen zurück.

Der Forscher: Der Wissenschaftler, der Gelehrte, der ewige Frager. Er ist neugierig und ständig darum bemüht, alles zu wissen; er will die Vorder- und die Rückseite von allem kennen lernen.

Der Schüler: Der ewige Student, der Anhänger, der Jünger, der Fan. Er sucht unablässig nach einem Meister oder Guru. Seine Sehnsucht, unter Anleitung eines Meisters ständig weiter voranzukommen, ist unersättlich.

Der Magier: Er liebt das Wunderbare, das Übernatürliche und Außergewöhnliche. Er möchte die Kenntnis aller Gesetze der Natur und Übernatur erlangen; er versteht sie anzuwenden.

Der Psychologe: Er interessiert sich für das Verhalten von Menschen und Tieren. Er will hinter ihre bewussten und unbewussten Motivationen kommen. Er deutet gern die inneren dynamischen Gesetze der Menschen, vor allem auch die Welt der Träume.

Der Botschafter: Der Unterhändler, der Versöhner, der Vermittler, der Regler von Angelegenheiten. Er fühlt sich in seiner vermittelnden Rolle ungemein wohl. Er ist äußerst wach und versteht es, die

Bedürfnisse der beteiligten Parteien zu entdecken und zusammenzuführen.

Der Wilde: Der Waldläufer, der Jäger, der Kenner der Naturgeheimnisse. Als ungemeiner Praktiker und einfallsreicher Improvisator vermag er in der unwirtlichen Natur zu überleben.

Der Narr: Der Hofnarr, der Spaßmacher, das Schlitzohr, der Schalk, der Possenreißer, der Karikaturist, der Humorist. Er verführt immer wieder zum Lachen, aber dabei offenbart er Wahrheiten, die man normalerweise lieber für sich behält, um in kein Fettnäpfchen zu treten.

Der Held: Das ist im Allgemeinen einer, der sich daran macht, seine Gemeinschaft zu retten und keine Angst davor hat, sich dabei schweren Gefahren auszusetzen. Oft ist er naiv, mutig und unschuldig, und er setzt sich mit Großmut ein.

Der Krieger: Der Militär, der Soldat, der Samurai, der Polizist, der Verteidiger der Rechte usw. Er ist stets bereit, bis in den Tod zur Verteidigung seines Volkes zu kämpfen. Seine Kühnheit ist sprichwörtlich. Er legt eine rücksichtslose Offenheit an den Tag, denn er kann sich keine Illusionen über die Gefahr leisten, die der Gegner darstellt.

Der Liebende: Er zeichnet sich durch seine menschliche Wärme aus, seine Offenheit und seine Selbstlosigkeit. Die Pflege von Liebe oder Freundschaft hat in seinem Leben vor allem anderen Vorrang. Die dekadente Spielart dieses Archetyps findet man übrigens beim Don Juan und Playboy usw.

Der Kontemplative: Der Mystiker, der Priester, der Mönch usw. Sein Leben ist auf die Kontemplation der spirituellen Wirklichkeiten und auf das Einssein mit Gott ausgerichtet.

Der Prophet: Der Wahrsager. Er erkennt die Zeichen jener Realität, deren Existenz den anderen entgeht. Er deutet die Zeichen der Gegenwart und kann daraus die Zukunft voraussagen. Er erkennt zwischen den Lebewesen Zusammenhänge, für die die anderen blind sind.

Der Zelebrant: Der Inszenierer, der Zeremonienmeister, der Liturge, der Zeremoniar, der Erschaffer von Ritualen usw. Er fühlt sich in seinem Element, wenn er eine Zeremonie dirigiert.

Das ewige Kind: Der *puer aeternus* oder die *puella aeterna*, zu erkennen an seiner/ihrer offensichtlichen Unschuld, Liebenswürdigkeit, Abhängigkeit. Der *puer aeternus* redet gern über seine Spiritualität, aber er ist in seinen Beziehungen oder bei einer regelmäßigen Arbeit, die Selbstverleugnung und Disziplin verlangen würde, weder konstant noch ausdauernd. Er ist ein angenehmer Mitmensch; im Anfang bringt er immer eine gewisse Erregung und Frische in seine Beziehungen. Als Charmeur versteht er es, die anderen auf seine eigenen Ziele hin zu manipulieren.

Wenn Sie die markanten Züge Ihres Lebens sortiert und den entsprechenden Archetypen zugeordnet haben, verfügen Sie über eine deutlichere Vorstellung von Ihrer Lebensaufgabe. Da es sich bei diesen Archetypen um soziale Realitäten handelt, beschreiben sie die Ausrichtung Ihrer besonderen Gaben.

Die Jugendträume

Die nie verwirklichten Jugendträume
verfolgen einen sein Leben lang.

H. Jackson Brown

Der Lebensabschnitt der Pubertät ist reich an Intuitionen über die Zukunft, wie der Schriftsteller Joseph Chilton Pearce in seinem Werk *Evolutions End* gesagt hat: „Die Heranwachsenden haben deutlich das Gefühl, dass in ihnen eine einmalige Größe verborgen sei." Es ist das Alter der Helden und Heldinnen. Im Übrigen sind sie ungeheuer besorgt, eine falsche Richtung einzuschlagen und ihr so kostbares Leben zu verpfuschen. Aber obwohl sie ganz gewaltig umgetrieben werden, fühlen sie sich oft unfähig, ihre Träume von etwas Großartigem genauer zu umschreiben oder verlieren die

Hoffnung, das je verwirklichen zu können. In ihrer großen Enttäuschung geraten manche sogar bis an den Rand des Selbstmords. Nicht selten werden ihre Jugendträume unter dem Gewicht ihrer Alltagsbeschäftigungen erdrückt. Das ist ein großer Schaden, denn damit verkennen sie eine Vorahnung ihrer Lebensaufgabe.

Während meines Heranwachsens war es für mich klar, dass ich mich um andere kümmern wollte. Aber in welcher Form? Ich wusste es nicht. Am Ende meiner Schulausbildung – ich war damals neunzehn – beschlossen meine Mitschüler und ich, einander unsere Berufswünsche zu offenbaren und sie auf die Tafel im Klassenzimmer zu schreiben. Ich hatte zunächst *Arzt* hingeschrieben. Aber nach ein paar Schritten zurück in Richtung meines Platzes ging ich noch einmal zur Tafel vor und verbesserte mich: *Seelenarzt.* In diesem Augenblick war ich über jeden Zweifel erhaben, dass ich den größten Teil meines Lebens damit verbringen würde, als Priester und Psychologe Seelenarzt zu sein, um mich auf allen drei Ebenen: der körperlichen, emotionalen und spirituellen, der Gesundheit anderer Menschen anzunehmen.

Hier einige Fragen, die Ihnen helfen können, sich deutlicher an die Intuitionen ihrer Jugendzeit zu erinnern.

Welcher Typ von Mensch wollten Sie damals am liebsten werden?
Welche Formen beruflicher Arbeit fanden Sie ganz und gar nicht ansprechend?
Wer waren Ihre Helden? Welche Menschen aus Ihrer Umgebung (Eltern, Erzieher, Nachbarn, Freunde) beeinflussten Sie am meisten?
Welche Situationen brachten Sie zum Träumen und Schwärmen?
Welche Einstellung hatten Sie zu Ihren Träumen? Hielten Sie sie für realisierbar oder nicht?

Ihre Lebensaufgabe aus der Sicht Ihres Todes

Menschen, denen schon in einer Nahtoderfahrung ein kurzer Blick in die Wirklichkeit nach dem Tod vergönnt war, berichten oft, dass binnen kurzer Zeit mit ungeheurer Klarsicht ihr ganzes Leben noch einmal vor ihnen abgelaufen sei. Das war zum Beispiel auch bei einem Mann der Fall, der bereits für klinisch tot erklärt worden war. Als er dann doch wieder reanimiert wurde, schilderte er seine Erfahrung. Ihn habe ein himmlisches Licht mit unermesslichem Glück erfüllt und er habe sich von ganzem Herzen gewünscht, darin weiterhin baden zu können. Aber dann habe er gehört, wie eine Stimme zu ihm sagte, er müsse wieder auf die Erde zurückkehren, um seine Lebensaufgabe als Erzieher seiner Kinder vollends zu erfüllen. Einer Schriftstellerin, einer militanten Atheistin, widerfuhr ein ähnliches Erlebnis. Sie hatte das Gefühl, sie befinde sich im Jenseits, und dort begegne sie ihrem Vater, der zu seinen Lebzeiten ein sehr gläubiger Mensch gewesen war. Er habe ihr den Auftrag gegeben, wieder zur Erde zurückzukehren, um dort erst noch ihre spirituelle Entwicklung zu Ende zu führen.

Ich möchte Sie jetzt zu der Übung anregen, die Stephen R. Covey in seinem Buch *Die sieben Wege zur Effektivität* beschreibt.

Nehmen Sie an einem ruhigen, stillen und friedlichen Ort eine bequeme Haltung ein.

Stellen Sie sich vor, Sie suchen die Feierhalle eines Friedhofs auf, um dort der sterblichen Hülle eines Freundes die letzte Ehre zu erweisen. Beim Betreten des Vorraums nehmen Sie den Geruch der Blumen und den Klang des Orgelspiels wahr. Sie begegnen den Eltern, Freunden und Bekannten. Sie sprechen ihnen Ihr herzliches Beileid aus.

Als Sie an den offenen Sarg treten, stellen Sie zu Ihrem Erstaunen fest, dass darin ihr eigener Körper liegt. Da geht Ihnen auf, dass Sie an Ihrer eigenen Beisetzung teilnehmen und alle diese Menschen gekommen sind, um Ihnen ihre Liebe und Wertschätzung zu erweisen. Ziemlich verwirrt setzen Sie sich auf einen Platz in der Halle. Jemand reicht Ihnen ein Heft, mit dem Sie genau der nun beginnenden Beisetzungszeremonie folgen können. Es ist kein Irrtum: Auf die Titelseite des Programms ist eindeutig Ihr Name gedruckt. Sie lesen sogar noch die Namen von drei Personen, die Sie besonders gut kennen: eines nahen Verwandten, eines engen Freundes und eines Arbeitskollegen. Sie werden Nachrufe auf Sie halten.

Versuchen Sie jetzt, zu hören, was in diesen Nachrufen auf Sie wohl gesagt wird.

Welche Eigenschaften hebt Ihr naher Verwandter bei Ihnen besonders hervor?
Ihr Freund spricht über Ihre Beziehung. Wie sieht seine Beschreibung dieser Beziehung aus?
Ihr Arbeitskollege spricht über Ihre beruflichen Qualitäten. Was sagt er über Sie als Arbeitskollege?

Wenn Sie diesen Wachtraum abgeschlossen haben, lesen Sie noch einmal Ihre Notizen durch und beschäftigen Sie sich mit der Frage, was Sie daraus über die Lebensaufgabe lernen können, die zu erfüllen Sie berufen sind.

◆ ◆ ◆

Sie haben jetzt Ihre ganze Lebensgeschichte Revue passieren lassen. Sie haben sich an Ihre Jugendträume erinnert. Sie haben die Archetypen erkannt, die Ihr Leben prägen. Sie können bestätigen, was Ira Progoff gesagt hat: „Die Vergangenheit enthält die Anzeichen für die wesentlichen Ziele, auf die die Lebensbewegung uns hinzulenken versucht.“ Sie haben sogar den Mut gehabt, Ihr Leben vom ganz besonderen Standpunkt Ihres Totseins aus in Augenschein zu nehmen. Beglückwünschen Sie sich zu der Arbeit, die Sie schon geleistet haben, um Ihre Lebensaufgabe zu erkennen.

9
Meine Leidenschaft, meine Lebensaufgabe

Monsieur Séguin hatte nie Glück mit seinen Ziegen.
Er verlor sie alle auf die gleiche Weise:
Eines schönen Morgens rissen sie sich vom Strick,
wanderten ins Gebirge, und da oben riss sie der Wolf.
Weder die zärtliche Fürsorge ihres Herrn
noch die Angst vor dem Wolf hielt sie zurück, nichts.
Das waren anscheinend sehr unabhängige Ziegen;
sie wollten um jeden Preis ins Weite und in die Freiheit.

Alphonse Daudet

Was ist eine Leidenschaft?

Für schulische und berufliche Orientierungstests gibt es eine Vielzahl von Testmethoden, um die Talente und Fähigkeiten des Betreffenden herauszufinden. Selbst wenn manche dieser Tests zu ganz brauchbaren Ergebnissen führen, eignen sie sich doch nicht dazu, auf die eigentliche Lebensaufgabe der Testperson zu kommen. Den vielsagendsten Hinweis auf die Ausrichtung eines Menschen liefert die Art seiner Leidenschaft.

Hierzu müssen wir zunächst einmal genauer definieren, was für unseren Zusammenhang mit Leidenschaft gemeint ist. Nach dem französischen Lexikon *Petit Robert* handelt es sich um „eine lebhafte Neigung zu einem bestimmten erstrebten Objekt, an das man sich mit allen seinen Kräften hängt". Die Leidenschaft ist also mehr als eine Tendenz, ein Interesse oder ein Hang. Was sie auszeichnet, ist eine starke emotionale Intensität. Ihre Auswirkungen auf den von ihr Ergriffenen sind vielfältiger Natur: Sie geben ihm das Gefühl, aus einer ungeheuren Fülle, ja vielleicht sogar geradezu überspannt zu leben. Sie versetzt ihn in einen Zustand fiebriger Erregung und treibt ihn dazu an, alle seine Bemühungen auf den Gegenstand zu konzentrieren, der es ihm angetan hat. Sie verleitet ihn dazu, seinen Alltagstrott zu vergessen, seine Sorgen, seine Beziehungen zu anderen Menschen und sogar seine elementarsten körperlichen Bedürfnisse.

Ich machte einmal diese ganz typische Erfahrung, als mich beim Autofahren die Gedanken an ein Buch überkamen, das ich unbedingt schreiben wollte. Ohne es zu merken, war ich aufs Gas getreten und raste mit völlig überhöhter Geschwindigkeit dahin, weit über dem Tempolimit. Dichter, die von der Muse geküsst werden, kennen dieses Entbranntwerden nur zu gut, das geradezu kopflos macht. C. G. Jung sprach in diesem Zusammenhang von seinem *daimon*, einer Art von innerem Genius, der ihn nicht habe zur Ruhe kommen lassen, bis er sein Werk vollendet habe.

Das geläufigste Beispiel des von der Leidenschaft Gepackten ist der Verliebte. Er ist zuweilen derart intensiv dem Objekt seiner Leidenschaft verfallen, dass er darüber vergisst, seinen sonstigen Verpflichtungen nachzukommen; oft verliert er sogar seinen Orientierungssinn. Er hat nur noch den geliebten Menschen im Kopf. Im antiken Griechenland sagte man von den Verliebten, sie seien genau wie die Götter und Göttinnen, etwa Mars und Aphrodite, von einem Strom göttlicher Liebe erfasst. Umgekehrt erweisen sich manche heutige Psychologen als recht wenig romantisch, wenn sie die Liebesleidenschaft mit einer Co-Abhängigkeit vergleichen, oder einer ähnlichen rauschhaften Wirkung, wie sie Drogen erzeugen. Meiner Auffassung nach verkennen sie allerdings damit die Liebesleidenschaft und setzen sie in ein schiefes Licht.

Joseph Campbell riet seinen Studenten, die sich um ihre Zukunft Sorgen machten, sich intensiv auf das Verfolgen dessen zu verlegen, was ihnen ein erhebendes Gefühl verleihe, das heißt auf die größte Leidenschaft ihres Lebens: „*Follow your bliss.* Wenn ihr das tut, findet ihr den Weg, der auf dem Grund eures Wesens schon immer angelegt war. Und das Leben, das zu leben ihr berufen seid, ist dasjenige, das ihr dann lebt. Ganz gleich, in welcher Situation ihr euch befindet: Wenn ihr eurer Leidenschaft folgt, werdet ihr voll Freude spüren, dass sich euer Sein erneuert und euer Leben ungemein beflügelt wird" (Campbell 1988, 90). Tatsächlich kann dem, der seiner Leidenschaft folgt, sein Leben nicht misslingen. Umgekehrt läuft der

Mensch, der sich ihr verweigert, Gefahr, in der Langeweile zu verdämmern. Wenn zum Beispiel Doktoratsanwärter unglücklicherweise für ihre These kein sie leidenschaftlich interessierendes Thema wählen, ist die Wahrscheinlichkeit ziemlich groß, dass sie recht bald alle Energie verlieren und dann ihre Dissertation nie abschließen.

Die Meta-Leidenschaften

Jeder leidenschaftliche Schwung birgt in sich etliche feinere Seelenzustände oder Leidenschaften, die ich als *Meta-Leidenschaften* bezeichnen möchte. Sie entsprechen bestimmten seelischen Strebungen. So verfügt zum Beispiel jemand mit einer Leidenschaft für das Malen sicher über die Meta-Leidenschaften für Schönheit und Kreativität; ein leidenschaftlicher Radsportler wird über die Meta-Leidenschaft verfügen, seine eigenen Grenzen zu überschreiten; jemand, der leidenschaftlich gern in exotische Länder reist, wird über die Meta-Leidenschaft verfügen, fremde Kulturen kennen zu lernen; und wer sich leidenschaftlich der Entwicklungshilfe verschreibt, über die Meta-Leidenschaft, selbstlos anderen zu helfen. Ganz gleich, von welcher Leidenschaft man sich erfassen lässt, jedenfalls birgt sie in sich auch noch die eine oder andere zusätzliche spirituelle Seelenneigung.

Leidenschaft und Pathologie

Mir liegt daran, deutlich auf den Unterschied zwischen Leidenschaft und Pathologie hinzuweisen. In beiden Wörtern steckt der Begriff „Leiden". *Pathos* ist das griechische Wort für „Leiden"; *Pathologie* ist die „Lehre vom Leiden", wobei hier „Leiden" eine körperliche oder psychische Krankheit bedeutet. Das entsprechende lateinische Wort *passio* dagegen bezeichnet einen gesunden, vitalen Schwung. So ist also mit der ersteren Bedeutung eine Fehlform, mit der letzteren ein starker Antrieb zu Wachstum und Fülle gemeint. Folglich ist es wichtig, sich davor zu hüten, diese beiden Wirklichkeiten miteinander zu verwechseln.

Zunächst will ich einige Beispiele von Pathologien nennen, die zu Unrecht als Fälle von Leidenschaft bezeichnet werden. Etliche

Pädophile wählen sich eine Arbeit auf dem Gebiet der Kindererziehung, um ihrer entgleisten Neigung nachzukommen; Menschen, die in ihrer Kindheit große Armut erfahren mussten, entwickeln ein krankhaftes Bedürfnis, es zu möglichst viel Geld zu bringen; Menschen mit paranoider Tendenz bemühen sich mit aller Gewalt um Leitungsposten, mit dem einzigen Ziel, über andere dominieren zu können. Alle diese Menschen folgen ihrer Pathologie, nicht ihrer Leidenschaft. Wenn die Wahl eines Lebensweges davon bestimmt ist, neurotische Wünsche erfüllt zu bekommen, muss das unvermeidlich in eine Sackgasse führen.

Umgekehrt kann es vorkommen, dass eine problematische Tendenz durchaus einen spirituellen Wunsch in sich birgt, der aus verschiedenen Gründen entgleist sein kann. Manche Pathologien sind Abwege einer spirituellen Tendenz. Ich denke hier zum Beispiel an die Hauptgestalt des Films *Tod in Venedig*, einen Mann reiferen Alters, den ein junger Mann fasziniert. Ohne sich dessen recht bewusst zu werden, entbrennt er in Liebe zu diesem schönen Jüngling, der für ihn die Schönheit, die Jugend und einen gewissen Hermaphrodismus symbolisiert. Er gerät in den Bann der Ausstrahlung seiner eigenen Seele, die er auf den jungen Mann projiziert: einer asexuellen Schönheit, ewigen Jugend und engelgleichen Anmut.

Eine wichtige Hilfe, um seine Lebensaufgabe herauszufinden: die eigene Leidenschaft genauer untersuchen

Das entdecken, was einen leidenschaftlich interessiert

Ich möchte Sie jetzt dazu anregen, sich genauer mit der Frage zu beschäftigen, was Sie eigentlich leidenschaftlich interessiert. Die Antworten, auf die Sie dabei kommen, können lauter wichtige Hinweise darauf sein, in welcher Richtung Ihre Lebensaufgabe liegen könnte.

Was lässt Sie wirklich leben, statt nur vor sich hinzukümmern?
Welcher Freizeitbeschäftigung (welchem Hobby) widmen Sie sich leidenschaftlich gern?

Auf welche Buchsparte gehen Sie spontan zu, wenn Sie eine Buchhandlung betreten?
Welche Rundfunk- oder Fernsehsendungen sprechen Sie lebhaft an?
Welche Diskussionsthemen interessieren Sie ganz besonders brennend?

Bei der folgenden Methode geht es darum, Sie Ihre Lebensaufgabe erkennen zu lassen, indem Sie genauer untersuchen, was Sie im Leben leidenschaftlich interessiert.

Hier die einzelnen Schritte:

1. Verfassen Sie eine Liste von Tätigkeiten, die Sie in Ihrem Leben schon als besonders erfüllend erlebt haben

- Nennen Sie drei Erfahrungen, bei denen Sie sich voll entfaltet, richtig begeistert oder glücklich gefühlt haben.
- Beschreiben Sie sie so, als würden Sie sie gerade erleben, und sprechen Sie dabei in der Gegenwartsform.
- Lesen Sie Ihre Beschreibungen noch einmal durch. Machen Sie um die Wörter, die Sie für wichtig halten, einen Kreis, vor allem um die Tätigkeitswörter. Fügen Sie ruhig noch Ergänzungen oder erhellende Einzelheiten und Verdeutlichungen hinzu.
- Holen Sie die allen drei Erfahrungen gemeinsamen Elemente heraus: Wörter, Empfindungen, Handlungen, Kontexte usw. Erfassen Sie die hauptsächlichen Tendenzen und die wiederkehrenden Motive. Damit finden Sie wichtige Elemente für Ihre Lebensaufgabe.
- Fassen Sie Ihre Entdeckungen in einer Synthese zusammen. Schreiben Sie anhand der Schlüsselwörter und der wichtigsten Ausdrücke einen Satz, der als erster Formulierungsversuch zur Beschreibung Ihrer Lebensaufgabe dienen kann.

2. Erster Formulierungsversuch für die Beschreibung Ihrer Lebensaufgabe

____

____

____

____

Lesen Sie noch einmal durch, was Sie als Beschreibung Ihrer Lebensaufgabe formuliert haben. Trifft das ganz gut die Tiefenorientierung Ihrer Seele? Fügen Sie genauere Angaben hinzu, die Sie für wichtig halten, um diese Beschreibung noch klarer und präziser zu fassen.

Ist diese Beschreibung Ihrer Lebensaufgabe jetzt prägnant genug? Zeichnen sich darin eine oder zwei deutliche Linien ab?
Enthält sie aufschlussreiche Tätigkeitswörter?
Ist sie mit positiven Begriffen formuliert?

3. Überprüfung, ob Ihre Beschreibung Ihrer Lebensaufgabe zutrifft

Mit diesem Schritt unseres methodischen Vorgehens sollen diejenigen Ihrer Eigenschaften ausgemacht werden, die das, was Sie über Ihre Lebensaufgabe formuliert haben, rechtfertigen oder bestätigen. Ermitteln Sie davon vier oder fünf.

Ein Beispiel: Wenn es bei meiner Lebensaufgabe darum geht, anderen zuzuhören, müsste ich über folgende Züge verfügen: Geduld, Einfühlungsvermögen in andere, Fähigkeit, andere bedingungslos anzunehmen, Offenheit im Reden usw.

Wenn Sie diese Eigenschaften in die linke Spalte geschrieben haben, beschreiben Sie hierauf in der rechten Spalte eine tatsächliche Begebenheit, die Sie in der Annahme bestätigt, dass Sie über die betreffende Eigenschaft verfügen.

Eigenschaft Ihrer Lebensaufgabe	**Beweise dafür** (Begebenheiten, die zeigen, dass Sie tatsächlich über diese Eigenschaften verfügen)
1. ______________________	______________________
2. ______________________	______________________
3. ______________________	______________________
4. ______________________	______________________
5. ______________________	______________________

4. Gegenprobe zum Beweis der Richtigkeit Ihrer Aussage über Ihre Lebensaufgabe

Suchen Sie jetzt für jede dieser Eigenschaften eine Begebenheit, bei der Sie sie hätten anwenden sollen, das aber nicht getan haben. Zum Beispiel: „Eigenschaft: Einfühlungsvermögen – Ich wäre gern aufmerksamer gewesen, um einem Nachbarn in Not richtig zuzuhören, aber ich konnte das nicht tun, weil ich zu viel Arbeit hatte."

Stellen Sie sich hierauf zu jeder dieser Begebenheiten die folgenden Fragen:

Was habe ich dabei empfunden?
Was empfinde ich, wenn ich mich nicht gemäß dieser für die Erfüllung meiner Lebensaufgabe wichtigen Eigenschaft verhalte?

Das Gefühl, diese Eigenschaft nicht angewandt zu haben, wo es nötig gewesen wäre, das zu tun, bestärkt die Vorstellung, dass es sich dabei um eine für Ihre Lebensaufgabe wichtige Eigenschaft handelt. Wenn Sie bei der Erinnerung daran ein ungutes Gefühl oder eine Enttäuschung empfunden haben, bestätigt das nur, wie wichtig diese Eigenschaft für die Erfüllung Ihrer Lebensaufgabe ist.

Erste Eigenschaft

Begebenheit, bei der die Anwendung dieser Eigenschaft wichtig gewesen wäre	Gefühl, das mich nach dieser Unterlassung verfolgt hat
______________________	______________________
______________________	______________________
______________________	______________________

Zweite Eigenschaft

Begebenheit, bei der die Anwendung dieser Eigenschaft wichtig gewesen wäre	Gefühl, das mich nach dieser Unterlassung verfolgt hat
______________________	______________________
______________________	______________________
______________________	______________________
______________________	______________________

Dritte Eigenschaft

Begebenheit, bei der die Anwendung dieser Eigenschaft wichtig gewesen wäre	Gefühl, das mich nach dieser Unterlassung verfolgt hat
______________________	______________________
______________________	______________________
______________________	______________________
______________________	______________________

Vierte Eigenschaft

Begebenheit, bei der die Anwendung dieser Eigenschaft wichtig gewesen wäre	Gefühl, das mich nach dieser Unterlassung verfolgt hat
______________________	______________________
______________________	______________________
______________________	______________________
______________________	______________________

Fünfte Eigenschaft

Begebenheit, bei der die Anwendung dieser Eigenschaft wichtig gewesen wäre	Gefühl, das mich nach dieser Unterlassung verfolgt hat
______________________	______________________
______________________	______________________
______________________	______________________
______________________	______________________

5. Zweite vorläufige Beschreibung Ihrer Lebensaufgabe und die für ihre Verwirklichung notwendigen Eigenschaften

Tragen Sie hier noch einmal die Beschreibung Ihrer Lebensaufgabe ein sowie die Eigenschaften, die dazugehören:

______________________ ______________________

______________________ ______________________

______________________ ______________________

Machen Sie jetzt eine umfassendere Gegenprobe dafür, ob Ihre Beschreibung tatsächlich zutrifft. Stellen Sie sich zu diesem Zweck die

Frage: „Was würde aus mir in meinem Leben werden, wenn ich meine Lebensaufgabe so, wie ich sie beschrieben habe, nicht erfüllen würde?"

Malen Sie sich einige Augenblicke lang eine bestimmte Situation aus, in der Sie Ihre Lebensaufgabe, wie Sie sie beschrieben haben, nicht erfüllen würden. Achten Sie genau auf die Reaktionen und Empfindungen, die Ihnen dabei kommen.

Was geht tatsächlich in Ihnen vor? Macht Ihnen die Vorstellung, dass Ihr Leben so verlaufen könnte, Angst?

6. Dritte provisorische Beschreibung Ihrer Lebensaufgabe, jetzt auf ein konkretes Betätigungsfeld angewandt

Welchen konkreten Kontext oder welche genauen Umstände stellen Sie sich als Bedingung dafür vor, dass Sie Ihre Lebensaufgabe erfüllen können?

Beispiele für Betätigungsfelder: Erziehung und Unterricht, Familie, Medien, Gesundheitswesen, Altenpflege, Armutsbekämpfung, Betreuung von Einwanderern und Asylanten, Sorge um Alkoholiker und/oder Drogenabhängige, Jugendarbeit, Kirche, Spiritualität, Hospizarbeit, Analphabetismusbekämpfung, sexuelle Beratung, schöne Künste, Sport usw.

Nennen Sie hier das von Ihnen gewählte Betätigungsfeld und fügen Sie es zu Ihrer zweiten Beschreibung Ihrer Lebensaufgabe hinzu.

____

____

7. Bedingungen dafür, dass Ihre Beschreibung möglichst zutreffend wird

Zweifellos möchten Sie Ihre letzte Beschreibung noch weiter verbessern. Lesen Sie die folgenden Bedingungen durch, die Ihre Aussage möglichst wahr, konkret und zutreffend werden lassen können.

- Wenn Sie die Beschreibung Ihrer Lebensaufgabe laut lesen, wird Sie das normalerweise begeistern, inspirieren und ungemein ansprechen. Weckt sie dagegen bei Ihnen keine Begeisterung und spricht sie nicht Ihre Talente und Eigenschaften an, dann fragen Sie sich, wie Sie sie abändern müssten, damit sie Sie mehr begeistert.

- Die Beschreibung Ihrer Lebensaufgabe muss bündig alle wichtigen Aktivitäten Ihres Lebens umfassen. Schauen wir uns zum Beispiel an, wie Jesus Christus seine Lebensaufgabe beschrieb: „Ich bin gekommen, damit die Menschen das Leben haben und es in Fülle haben" (Joh 10,10). Diese Beschreibung diente ihm tatsächlich durchgängig als Motivation auf allen Gebieten seines Lebens. Es wäre schwierig, auch nur einen einzigen Augenblick herauszufinden, in dem er nicht daraus gelebt hätte.

- Ihre Beschreibung muss erkennen lassen, dass Sie selbst die Verantwortung für Ihre Lebensaufgabe übernommen haben und Sie anfangen, sie im Griff zu haben. Was halten Sie von einer Lebensaufgabe, die jemand so bezeichnen würde: „Ich möchte ganz dafür leben, dass meine Kinder glücklich werden"? Die Verwirklichung dieser Art von Lebensaufgabe ist unmöglich, denn man kann nicht das Glück anderer Menschen bewerkstelligen. Eine angemessenere Formulierung könnte lauten: „Meine Lebensaufgabe besteht darin, ein gesundes, friedvolles Familienleben zu gestalten, zu fördern und zu unterhalten und meinen Kindern eine möglichst gute Erziehung zu geben, die ihnen hilft, sich zu entfalten und auf alle Wechselfälle des Lebens gut vorbereitet zu sein."

- Um akzeptabel zu sein, muss die Beschreibung der eigenen Lebensaufgabe mit derjenigen Ihres Arbeitgebers oder der Einrichtung, zu der Sie gehören, gut vereinbar sein. So könnte zum Beispiel die Lebensaufgabe eines Priesters so lauten: „Sie besteht darin, durch mein Verhalten, mein Gebet, mein Wort und meine Gottesdienstfeiern ein Zeuge der Liebe Gottes zu sein." Eine derart verstandene Lebensaufgabe lässt sich mühelos in die Gesamtmission der Kirche einbringen, zur Ehre Gottes und zum Heil der Menschen tätig zu sein.

In bestimmten Fällen kann es sein, dass man seine eigene Lebensaufgabe unmöglich mit derjenigen seines Arbeitgebers vereinbaren kann. Mir fällt dazu ein Pfleger ein, der sich weigerte, sich an die Anweisungen der ihm vorgesetzten Ärzte für die Betreuung von Menschen zu halten, die andere sexuell missbraucht hatten. Er warf ihnen vor, ihre Vorgehensweise sei ineffizient und für die Patienten erniedrigend und respektlos. Statt nun seine Lebensaufgabe als Pfleger, wie er sie verstand, zu verraten, zog er es vor, zu kündigen und selbst eine Beratungsstelle zu gründen, wobei er in Kauf nahm, wesentlich weniger zu verdienen und auf eine Reihe von sozialen Vorteilen zu verzichten.

● Jetzt muss aber noch hinzugefügt werden, dass die Beschreibung Ihrer Lebensaufgabe nicht für immer und ewig in Stein gemeißelt bleibt. Je weiter Sie sich auf ihre Verwirklichung einlassen, desto mehr können Sie auch ihren Wortlaut abändern. Sie wird dann noch präziser und Sie müssen dabei berücksichtigen, in welche Dimensionen sie künftig noch hineinwachsen kann. Wenn man seine Lebensaufgabe verwirklicht, ist das in etwa so, wie wenn man in unwirtlichem Gelände einen Pfad verfolgt: Man hat keine andere Wahl, als im Weitergehen immer nur einige Schritte voraussehen zu können.

8. Beispiele für die Beschreibung der eigenen Lebensaufgabe

Meine Lebensaufgabe besteht darin, anderen Menschen zu helfen, einen Lebenssinn zu erkennen, ihnen für ihre Suche Mut zu machen und sie durch die Gründung von Werkstätten bei ihren Bemühungen zu unterstützen.

Ich möchte alles für meine eigene gesunde physische, emotionale und spirituelle Entwicklung tun, um möglichst wirksam anderen helfen zu können, ein Leben in größerer Entfaltung und Fülle zu finden.

Meine Lebensaufgabe besteht darin, neue Erziehungsmethoden zu erkunden und auszuarbeiten, die einen effizienteren und reichhaltigeren Unterricht ermöglichen.

Meine Lebensaufgabe besteht darin, Stätten zu schaffen, an denen Menschen es lernen können, ihre künstlerischen Talente zu entfalten.

Zutiefst davon überzeugt, dass Friede immer möglich ist, sehe ich meine Lebensaufgabe darin, anderen bei der Beilegung ihrer Konflikte zu helfen, sich gegenseitig zu verzeihen und ein Leben in Harmonie zu lernen.

Meine Lebensaufgabe besteht darin, neue psychologische und spirituelle Methoden zu entdecken und auszuarbeiten, die der persönlichen Entfaltung der Menschen im Universitätsbereich förderlich sind.

Ich möchte mich schreibend und durch mein öffentliches Wort für Veränderungen in der Kirche und Gesellschaft einsetzen.

Ich sehe meine Berufung darin, die Kommunikation zwischen unterschiedlichen Kulturen herzustellen und zwischen ihnen zu vermitteln, um dadurch die gegenseitige Kenntnis und Achtung zu fördern und den Austausch zwischen den Vertretern unterschiedlicher Kulturbereiche zu intensivieren.

Ich entdecke meine Lebensaufgabe darin, andere Menschen spirituell zu begleiten, jedoch so, dass sie ihre eigene Spiritualität entdecken und ich ihnen helfe, diese zu leben.

◆ ◆ ◆

Zum Schluss möchte ich noch eine Geschichte anfügen, die mir die Seelsorgerin einer Langzeit-Pflegeeinrichtung erzählt hat. Eine behinderte Frau, die unbeweglich an ihren Rollstuhl gefesselt war, vertraute ihr an, wie sie ihre Lebensaufgabe entdeckt habe. Zunächst habe sie nur noch mit dem Leben gehadert und ihr Dasein als völlig nutzlos empfunden. Nach der Feier der Krankensalbung am Sterbebett ihrer Mutter habe sie jedoch ihren ganzen gegen ihre Mutter aufgestauten Grimm abgelegt und ihr alles verziehen. Einmal von diesem Ressentiment befreit, habe sie die Berufung verspürt, die Menschen in ihrer Umgebung, denen es besonders schlecht ging, zu trösten. Sie habe ihrer Seelsorgerin erzählt, dass sie diese Lebensaufgabe entdeckt habe: die Traurigen zum Lächeln zu bringen. Immer, wenn sie von da an einem traurigen oder mürrischen Menschen begegnet sei, habe sie es darauf angelegt, einen Spaß zu machen oder etwas Komisches zu erzählen, um ihn zum Lachen zu bringen. Wie mir die Seelsorgerin sagte, habe sie das in der Folge auch tatsächlich immer fertig gebracht.

10
Die Anrufe seitens der Welt

Weit unterhalb der Oberfläche meines Bewusstseins begann sich langsam ein anderer Begriff von Freiheit den Weg zu bahnen. Es handelte sich um die Freiheit, alle meine Fähigkeiten zu bündeln und sie darauf zu konzentrieren, mich meinem Lebensauftrag zu widmen. Zugleich gestattete ich es allen kreativen Kräften des Lebens, frei von jeder Kontrolle meinerseits in mich einzuströmen, ohne mich besonders anzustrengen, dass das „funktioniere". Wie ich im Lauf der Zeit lernen musste, ist das eine viel kraftvollere Weise, etwas zustande zu bringen, als die, zu versuchen, alles selbst in den Griff zu bekommen.

Joseph Jaworski

Wann immer jemand zum Beginnen und zum Schöpferischen schreitet, gilt die grundsätzliche Wahrheit, dass, sofern er sich mit Überzeugung ans Werk begibt, die Vorsehung ihr Teil dazu beiträgt.

Johann Wolfgang von Goethe

Bis jetzt habe ich davon gehandelt, wie man seine Lebensaufgabe sucht und entdeckt, und bin dabei vom Standpunkt des betreffenden, seine Lebensaufgabe suchenden Menschen ausgegangen. Jetzt wird es Zeit, dass ich das Thema der Lebensaufgabe von einem anderen Gesichtspunkt aus angehe, nämlich von dem der Welt insgesamt her.

Tatsächlich gibt es einen geheimnisvollen Zusammenhang zwischen den Strebungen der Seele und den Anrufen seitens der Welt. Manche haben ihre Lebensaufgabe dadurch entdeckt, dass sie hautnah einen akuten Mangel erlebten: eine extreme Armut, eine mangelhafte Schulbildung, festgefahrene Beziehungen, schreiende Bedürfnisse, eine Krisensituation usw. Sie wurden davon zunächst aufgewühlt und erschüttert und machten sich dann daran, etwas gegen diesen Mangel zu tun. Für andere wiederum ergab sich ihre Lebensaufgabe daraus, dass sich ihnen bestimmte Möglichkeiten boten: eine unverhoffte Aufforderung, über den eigenen Schatten zu springen, eine unerwartete Beförderung, der Einfall zu einer nützlichen Erfindung, die Möglichkeit, ein lohnendes Geschäft zu machen, ein unvorhergesehenes Gespräch, das neue Horizonte eröffnete, ein verlockendes Stellenangebot usw.

Im Folgenden sollen drei Überlegungen über die Anrufe aus der Welt angestellt werden: Zunächst soll es um die optimistischen und pessimistischen Bilder gehen, die wir uns von der Welt machen; sodann soll erörtert werden, wie weit wir uns des Phänomens der „Synchronizität" bewusst sind; und schließlich werden wir uns noch mit der Frage beschäftigen, von welcher Bedeutung die prophetischen Botschaften der uns am nächsten stehenden Menschen für unsere Lebensaufgabe sind.

Unsere Weltsicht: optimistisch oder pessimistisch?

Die für den Menschen wohl ergiebigste Inspirationsquelle dürfte die Metapher sein. Ihre Wirkung hat etwas geradezu Magisches an sich. Diese schöpferische Potenz hat Gott anscheinend aus Versehen in seinem Geschöpf liegen lassen, nachdem er es erschaffen hatte.

José Ortega y Gasset

Die Art, wie wir die Welt sehen, wirkt sich auf die Suche nach unserer Lebensaufgabe günstig oder ungünstig aus. Wie ist es zu erklären, dass manche Menschen die sich ihnen bietenden Erfolgschancen sehen und ergreifen, während andere gar nicht erst welche sehen? Die Wirklichkeit ist voller Möglichkeiten; sie liefert eine Fülle von Gelegenheiten, etwas und auch sich selbst zu verwirklichen. Dabei lautet die Hauptfrage nicht so sehr, ob das Leben die Chance zum Erfolg und zur Entfaltung seiner selbst bietet oder nicht, sondern eher, ob man in der Lage ist, das, was es alles bietet, überhaupt zu sehen und darauf einzugehen. Es wird immer deutlicher, dass das Verhalten eines Menschen von der Vorstellung abhängt, die er sich von der Welt macht. Empfindet er die Welt als ein ihm freundschaftlich zugetanes Element, das ihm eine Fülle von Möglichkeiten bietet, so scheut er sich nicht, kühn etwas zu riskieren. Kommt ihm die Welt dagegen als feindliches und bedrohliches Element vor, so wird er dazu neigen, möglichst kein Risiko einzugehen und sich in Deckung zu halten.

Die wichtige Rolle der Metaphern beim Filtern der eigenen Wahrnehmungen

Die Linguisten weisen darauf hin, wie wichtig für die Darstellung der Wirklichkeit die Metaphern sind. Es handelt sich bei ihnen keineswegs bloß um einfache Stilmittel des sprachlichen Ausdrucks, sondern sie legen den Grund für unsere Wahrnehmung und Deutung der Welt und beeinflussen auf diese Weise unser Verhalten. Sieht man sich genau die Metaphern an, die jemand verwendet, so kommt ans Licht, ob er die Welt als freundschaftlich oder als feindselig empfindet. Sagt etwa jemand: „Das Leben ist ein Gelände voller tückischer Fallen“, so weckt er das Misstrauen und lähmt jeden Ansatz dazu, irgendein Wagnis einzugehen.

Hier noch einige Beispiele dafür, wie zwei gegensätzliche Reihen von Metaphern ganz unterschiedliche emotionale Reaktionen auslösen. Wenn man einerseits in Bildern spricht wie: „Das Leben ist ein Spiel“; „man kann sein Leben wie einen Tanz meistern“; „die Welt ist wie ein Strauß aus vielen bunten Blumen“; „alle Menschen sind für mich potenzielle Mitarbeiter“; „die Wirklichkeit bietet eine überwältigende Fülle von Möglichkeiten, die man nur auszuschöpfen braucht“; „jeder Erfolg beginnt mit einem Traum“, so schenken diese einen neuen begeisternden Schwung, machen Lust darauf, etwas zu wagen, wecken den Wunsch, die sich bietenden Möglichkeiten zu nutzen. Wenn man dagegen in Bildern spricht wie: „Die Welt ist wie ein aufgewühltes Meer“; „alles ist wie ein riesiger Sumpf“; „alle Menschen sind wie Haie“; „die Welt ist wie ein Vulkan, der jeden Augenblick losbrechen kann“; „jede Freude kostet ihren Preis“; „das Leben rast vorbei wie ein Zug, so dass ich gar nicht recht aufspringen kann“, dann wird man sich natürlich mit einem unguten Gefühl auf die Welt einlassen, vor jedem Risiko Angst haben und das Bedürfnis entwickeln, sich möglichst gut abzusichern.

Die Metaphern, die man zur Beschreibung der Welt verwendet, sind lauter Filter, die die Wirklichkeit hell oder düster einfärben. Sie vergrößern oder verkleinern sie; sie eröffnen den Blick auf Chancen oder auf Gefahren; sie wecken Mut oder Angst.

Die Verwandlung der Metaphern

Falls man bei sich feststellt, dass man vorwiegend Metaphern verwendet, die entmutigend und lähmend wirken, ist die Lage trotzdem nicht aussichtslos. Man hat immer die Möglichkeit, seine Metaphern zu seinem eigenen Vorteil zu verändern, denn sie sind nicht ein für alle Mal festgelegt. Meistens sind sie das Ergebnis schlechter Erfahrungen, die man zu verallgemeinern geneigt ist und aus denen man dann absolute Wahrheiten macht. So sagte mir zum Beispiel einer meiner Klienten nach einer ganzen Reihe von Misserfolgen bei seinem Studium aus voller Überzeugung: „Das Studium ist ein unbezwingbarer Berg. Es ist wie ein Fels, und ich bin dazu verurteilt, mir daran immer wieder nur den Kopf einzuschlagen.“ Zunächst erläuterte ich ihm, dass diese Metaphern keineswegs seine gesamte Erfahrung abdeckten, denn auch er könne das Studium zuweilen mit einem „Berg, der beim Aufsteigen immer wieder überraschende Ausblicke bereit hält“, vergleichen, und auch er könne bestätigen, alles Lernen sei wie „ein Abenteuer oder eine Herausforderung, immer noch Interessanteres kennen zu lernen“. Dann leitete ich ihn an, im Geist einen Berg zu besteigen und mir Schritt für Schritt zu beschreiben, was er alles an Überraschendem entdecke. Wenige Zeit später sagte er mir, das Studieren falle ihm jetzt viel leichter und er habe zum ersten Mal ein Buch ganz von Anfang bis Ende gelesen.

Unlängst erst empfahl ich einer meiner Studentinnen, ihre Metaphern umzuwandeln. Sie hatte geklagt, ihr Leben sei „überladen und zum Bersten voll mit lauter Beschäftigungen“, so dass sie

„von dieser Last ganz niedergedrückt“ sei. Da ich wusste, dass sie gern tanzte, schlug ich ihr vor, sich das Leben als einen Tanz vorzustellen. Zunächst war sie skeptisch, zeigte sich aber schließlich einverstanden, sich auf dieses Spiel einzulassen. Sie überlegte sich dann, welcher Art von Tanz ihr derzeit hektisches Leben am besten darstelle. Sie kam spontan auf den Rock ’n’ Roll. Seit dieser Entdeckung hat sich ihre Einstellung geändert: Sie erfüllt ihre zahlreichen Pflichten im mitreißenden Rhythmus des Rock ’n’ Roll.

Wie Sie Ihre Metaphern in wohltuende Bilder umwandeln können

Ich möchte Ihnen hier eine Methode vorstellen, wie Sie Ihre eher kräftezehrenden Ansichten über Ihr Leben ablegen und sich stattdessen andere, hilfreiche Bilder erschaffen können. Dadurch können Sie Ihre Lebensaufgabe optimistisch angehen und aufgeschlossen alle sich Ihnen zu ihrer Erfüllung bietenden Chancen nutzen.

- Machen Sie eine Bestandsaufnahme aller Metaphern, mit denen Sie gewöhnlich das Leben und die Welt beschreiben. Schreiben Sie drei oder vier davon auf ein Blatt Papier.

Schauen Sie sich jetzt jede einzelne von ihnen noch einmal genau an und stellen Sie sich dazu die folgenden Fragen: „Was bedeutet diese Metapher für mich? Welche Gefühlsreaktionen löst sie in mir aus?“

Ein Beispiel: Wenn Sie gesagt haben „das Leben ist ein Kampf“ oder „das Leben ist etwas Heiliges“, so fragen Sie sich, wie sich diese Überzeugung auf Ihre Beziehungen und Ihre Einstellung zum Leben auswirkt.

- Wandeln Sie Ihre pessimistischen Metaphern um.

Sind Sie mit der Auswirkung, die Ihre Metaphern auf Ihr Leben haben, zufrieden? Finden Sie sie hilfreich? Wenn nicht, dann will ich Ihnen jetzt zeigen, wie Sie sie abwandeln können, um ihnen einen positiveren Gehalt zu geben.

Fangen Sie so an, dass Sie zunächst Ihre Metaphern relativieren. Wenn Ihnen zum Beispiel das Leben wie ein „Krieg oder ein Tränental“ vorkommt, so führen Sie sich zu Bewusstsein, dass es darin zwar immer wieder einen harten Konkurrenzkampf und bittere Enttäuschungen gibt, es jedoch auch ein „interessantes Spiel" und eine „ständige Herausforderung, es mit Geschick zu etwas zu bringen" darstellt; dass es zwar zuweilen schmerzliche Erlebnisse bringt, insgesamt jedoch auch „eine Gnade", „ein Geschenk" oder „ein Tanz" ist.

- Ersetzen Sie die Metaphern, mit denen Sie bisher Ihre Lebensaufgabe charakterisiert haben.

Viele Menschen beschreiben ihre Lebensaufgabe gern anhand von Metaphern. Wenn das auch bei Ihnen der Fall ist, so beantworten Sie die folgenden Fragen also mit Metaphern.

Wie würden Sie sich eine vollkommene Welt vorstellen? Welches Ideal hätten Sie darin? Lassen Sie in sich Bilder aufsteigen, die Ihren Wünschen und Werten entsprechen. Selbst wenn Ihnen das Bild, das Ihnen zunächst kommt, übertrieben oder unrealistisch erscheint, halten Sie es trotzdem fest. Es regt Sie an und stärkt Sie, Ihre Lebensaufgabe zu erfüllen.

Als Hilfe für das Formulieren Ihrer eigenen Metaphern will ich Ihnen hier zur Veranschaulichung einige nennen:

Die Welt ist ein großes Laboratorium, in dem ich meine Experimente machen kann.

Das Leben ist ein Tanz, zuweilen ein langsamer, zuweilen ein schneller.

Das Leben ist ein weites, fruchtbares Feld, mir zum Anbauen zugewiesen.

Das Leben ist ein Spiel, in dem alle Gewinner sind.

Die Welt ist etwas Heiliges.

Die ganze Welt ist eine geheimnisvolle Symphonie.

- Schreiben Sie die Metaphern, die Sie gebildet haben, auf Zettel und heften Sie sie deutlich sichtbar in Ihrer Wohnung auf, damit sie sich Ihnen gut einprägen. Wenn Sie sie Tag für Tag vor Augen haben, wandelt sich Ihre Art, die Wirklichkeit zu sehen, zu verstehen und mit ihr zu experimentieren, langsam um.

Die Synchronizität oder das sorgfältige Achten auf unverhoffte Anregungen im Leben

Zwischen den eigenen Seelenregungen und den Anregungen aus der Welt, in der man lebt, gibt es eine geheimnisvolle Entsprechung. C. G. Jung hat als erster für dieses Phänomen den Begriff der *Synchronizität* verwendet. Er definiert sie als Wechselwirkung zwischen den inneren und den äußeren Ereignissen im Leben des Menschen. Diese Entsprechung kann man zwar unschwer feststellen, jedoch nur sehr schwer erklären. Die Gesetze der Synchronizität halten sich weder an das Zufallsprinzip noch an die direkte Verknüpfung von Ursache und Wirkung. Sie bleiben also rätselhaft, sind aber deshalb nicht weniger real. Wenn man sie insgesamt gründlich bedenkt, wirken sie wie das Zusammenspiel eines Konzerts, dessen Komponist eine höhere Intelligenz zu sein scheint, die manche als Vorsehung bezeichnen.

Als C. G. Jung einmal gerade dabei war, einer Klientin einen Traum zu deuten, in dem diese von einem Käfer geträumt hatte, prallte ein Käfer von genau der beschriebenen Art gegen das Fenster des Zimmers und blieb liegen. Jung nahm ihn in die Hand und zeigte ihn seiner Klientin mit den Worten: „Sehen Sie: Da ist Ihr Käfer!" Seiner Überzeugung nach hatte sich eine Art Zusammenspiel zwischen dem Traum seiner Klientin und der Welt insgesamt eingestellt.

Zuweilen weisen scheinbar unwichtige Vorfälle in die Richtung unserer Lebensaufgabe. Gregg Levoy, der Autor von *Callings*, war verblüfft, auf seinem Weg wiederholt und in kurzen Zeitabständen einzelne Spielkarten zu finden, und zwar jedes Mal mit dem Bild der Herz-Dame. Erst später begriff er, dass er sich in seinem Schreiben von einer zu männlichen und rationalen Art lösen sollte. Er sollte zur besseren Anregung seiner schriftstellerischen Inspiration in lebendigeren Kontakt mit seiner „anima" – seiner weiblichen Seite – kommen und insbesondere deutlicher auf seine Empfindungen und

Gefühle achten. Diese Botschaft hatten ihm offensichtlich die Spielkarten mit dem Bild der Herz-Dame überbringen wollen.

Einmal erzählten mir Studenten, sie hätten sich zusammengesetzt und ernsthaft überlegt, ob sie nicht streiken sollten, um eine Änderung der ungerechten Bedingungen einzufordern, unter denen sie arbeiten mussten. Genau bei dieser Gelegenheit hätten sie im Radio ein Revolutionslied gehört, womit für sie klar gewesen sei, dass sie den Streik veranstalten sollten.

Zweifellos hatten auch Sie schon derartige Erlebnisse, in Augenblicken, in denen Sie sich gerade über irgendein Vorhaben, ein Gefühl, einen Wunsch oder eine einzuschlagende Richtung den Kopf zerbrachen. Die Wirklichkeit gibt uns oft Zeichen für die uns erwartende Lebensaufgabe, aber leider sind wir nicht immer in der Verfassung, sie wahrzunehmen. Wir sind nicht immer auf die entsprechende Wellenlänge eingestellt, um einen wichtigen Sender hören zu können. Achten Sie während der Zeit, in der Sie sich mit der Frage nach Ihrer Lebensaufgabe beschäftigen, besonders aufmerksam auf Vorfälle oder Ereignisse, die den normalen Verlauf Ihres Lebens stören oder durcheinander bringen. Das kann eine Krankheit sein, ein unverhoffter Besuch, ein bizarrer Vorfall, ein unerwartetes Gespräch, ein wiederholter Fehler, ein öfter wiederkehrender Traum, das Auftauchen ungewöhnlicher Gegenstände oder seltsamer Tiere usw.

Die größte Schwierigkeit mit der Synchronizität besteht darin, den Sinn der entsprechenden Vorfälle oder Ereignisse richtig zu deuten. Man muss sich hüten, sie zu buchstäblich zu erklären oder schon bei jedem ein bisschen merkwürdigen Erlebnis gleich aus dem Häuschen zu geraten. Wenn jedoch ein Vorfall Ihnen eine für Ihre Lebensaufgabe wichtige Botschaft bringen will, wird er wiederkehren und hartnäckig bleiben.

Wie wir bereits gesehen haben, können Projektionen von Menschen, die einem für das eigene Leben wichtig sind, zur schweren Belastung werden. Manche Eltern wollen unbedingt, dass ihre Kinder die Lebensaufgabe erfüllen, die sie als ihre eigene erkannt, dann aber in ihrem Leben nicht angepackt hatten. Schon oft sind Kinder aus diesem Grund auf einen Weg gedrängt worden, der eigentlich gar nicht der ihre war. Andere gerieten unter den Einfluss von „Unglückspropheten" und ließen sich von ihnen allen Mut nehmen, ihre eigene Lebensaufgabe zu verfolgen und zu erfüllen. Ich erinnere mich da an einen meiner Französischlehrer, der sich als diese Art „Prophet" aufführte und mir voraussagte: „Schreiben wirst du nie richtig können!" Was soll ich erst von dem Lektor sagen, der mir nach der Durchsicht meines Manuskripts von *Aimer, perdre et grandir* auf recht herablassende Art den Rat gegeben hatte: „Das Schreiben lassen Sie lieber bleiben, denn das Korrigieren Ihres Manuskripts wäre eine viel zu große Arbeit." Derzeit beträgt die Auflage dieses Werks immerhin 165.000 Exemplare.

Wie glücklich darf sich umgekehrt jemand schätzen, wenn er einem „Glückspropheten" begegnet, der bei ihm die Zeichen seiner Lebensaufgabe erkennt und anerkennt. Über dieses Charisma verfügte Jesus Christus. Oft sagte er jemandem schon bei der ersten Begegnung auf den Kopf zu, worin seine Lebensaufgabe bestehen werde, wie etwa dem Petrus: „Ich werde dich zum Menschenfischer machen!"

James Hillman gab einem Kapitel seines Buches *Charakter und Bestimmung* den Titel: *„Esse est percipi: To be is to be Perceived"* („Sein heißt wahrgenommen werden"). Er schildert darin das Beispiel mehrerer Menschen, die tatsächlich zu dem wurden, was bestimmte „Propheten" schon früh in ihnen erkannt hatten. So hatte etwa Franklin Roosevelt in Lyndon Johnson einen künftigen Präsidenten der Vereinigten Staaten gesehen. Oder George Washington hatte, ohne ihn zu kennen, einen jungen, unerfahrenen Soldaten namens Alexander Hamilton zu seinem Hauptadjutanten im Feld ernannt. Oder Professor William James hatte an die Fähigkeiten einer jungen, etwas neurotischen Jüdin namens Edith Stein geglaubt. Seiner Intuition sicher, hatte er sie durch ein Examen kommen lassen, das sie eigentlich nicht geschafft hatte. Auch in der Folge unterstützte er sie immer wieder und ging sogar so weit, ihr eine Empfehlung für die John-Hopkins-Universität auszustellen, damit sie dort Medizin studieren konnte. Sie wurde schließlich eine bekannte Philosophin, dann Märtyrerin für ihren Glauben und sogar 1987 selig und 1998 heilig gesprochen. Oder um noch einen Fall aus der Gegenwart anzuführen: René Angelil entdeckte schon in einer Dreizehnjährigen die größte moderne Popsängerin, Céline Dion.

Diese Art Intuition findet man bei bestimmten Erziehern, Lehrern, Mentoren, Sporttrainern und Künstlern. Sie sehen für einzelne Menschen eine brillante Zukunft voraus, bei denen andere nur eine mittelmäßige oder sogar mangelhafte Begabung erkennen.

Hier noch einige Fragen, die Sie weiter anregen können, sich über ihre Lebensaufgabe Gedanken zu machen:

Bin ich in meinem Leben schon „Glückspropheten“ begegnet?
Was haben sie mir über mein Lebensprojekt offenbart?
Wie habe ich auf diese ihre Prophetie hin reagiert?
Glaube ich, dass ihre Meinung meine eigenen Intuitionen bezüglich meiner Lebensaufgabe bestätigt hat?

Vierter Teil

Der Neuanfang

11

Sich seine Lebensaufgabe bis in die Einzelheiten hinein konkret vorstellen

Der Leiter einer Gruppe schickte die Teilnehmer auf die Wiesen hinaus, wo sie vierblättrige Kleeblätter suchen sollten.
Nach mehrstündiger intensiver Suche hatte niemand auch nur ein einziges gefunden, außer eine junge Frau. Sie brachte eine ganze Handvoll dieser Glücksbringer mit und teilte sie an die anderen aus. Diese fragten sie, welchen Trick sie angewandt habe, um so viele vierblättrige Kleeblätter zu finden.
Sie gab zur Antwort: „Das war ganz einfach: Ich stellte mir ganz intensiv ein vierblättriges Kleeblatt vor. Dann brauchte ich nur noch loszugehen, es zu finden und zu pflücken."

Nach William Bridges kommt nach dem Loslassen und der Phase des Zwischen- oder Randzustands als dritter Schritt der Wiedereintritt in die Gemeinschaft, um darin die eigene Lebensaufgabe zu „bekräftigen". Das Besondere an dieser Etappe ist, dass man sich dabei definitiv und fest entschlossen auf eine Wende im eigenen Leben einlässt.

Diese neue Etappe stellt zwar einen definitiven Schritt nach vorn dar, aber man ist nicht allein, wenn es darum geht, ihn zu leben. H. H. Murray sagt dazu: „Sofort ab dem Augenblick, in dem wir uns voll auf unsere Lebensaufgabe einlassen, engagiert sich die Vorsehung für uns. (...) Da stellen sich dann alle möglichen unvorhersehbaren und unverhofften Ereignisse ein; das heißt, es geschehen eigenartige Dinge, man erlebt zufällige Begegnungen, erfährt Hilfe materieller Art, und all das wirkt in Folge einer klaren Entscheidung zusammen, um uns bei der Verwirklichung unserer Lebensaufgabe zu helfen." Von da an, wo man sich entschlossen an die Erfüllung seiner Lebensaufgabe macht, trifft also tatsächlich ganz aktuell das Sprichwort zu: „Hilf dir selbst, dann hilft dir Gott."

Jedoch möchte ich meine Leserinnen und Leser auf keinen Fall in der Illusion wiegen, von da an werde alles ganz leicht. Zudem ist es wichtig, die dieser Etappe ganz eigenen Widerstände, mit denen man klarkommen muss, genauer zu beleuchten. Hierauf werden wir zusehen, wie man seine Lebensaufgabe im Einzelnen beschreiben und ihren möglichen Ertrag „bestätigen“ kann.

Widerstände gegen das Sich-Einlassen auf die eigene Lebensaufgabe

Ein beträchtlicher Schritt nach vorn in Richtung des Erkennens seiner eigenen Lebensaufgabe hatte darin bestanden, dass es einem gelungen war, sie zu beschreiben. Je weiter man jedoch fortschreitet, desto mehr Einwände kommen einem auch. Sie werden umso tückischer und hartnäckiger, je mehr man sich dem Ziel nähert. In dem Augenblick, in dem man zur Tat schreiten will, werden die Widerstände am heftigsten. Das ist das Zeichen dafür, dass man kurz davor steht, den kostbaren goldenen Faden zu finden.

Die Weigerung, sich auf seine Lebensaufgabe einzulassen, ehe man die Gewissheit hat, dass sie stimmt

Einen ersten Widerstand stellt die Vorstellung dar, man müsse sich seiner Lebensaufgabe absolut sicher sein, bevor man sie tatsächlich anpacken sollte. Manche wagen es erst, sich auf dieses Abenteuer einzulassen, wenn sie eindeutig die Versicherung haben, dass es das ihre ist. Sie machen alle nur möglichen und erdenklichen psychologischen Tests durch; sie probieren alle empfohlenen Methoden aus; sie wägen bereits vorher alle Möglichkeiten des Erfolgs oder Misserfolgs ab; sie analysieren ihre Talente und Fähigkeiten von allen Seiten. Aber das ist alles verlorene Liebesmühe, denn sie werden nie die absolute Gewissheit finden, den richtigen Weg einzuschlagen. Auf diesem Gebiet muss man sich mit einer relativen Gewissheit begnügen und bereit sein, kalkulierte Risiken einzugehen.

Ganz konkret sieht das so aus, dass sich manche in Zweifel stürzen, ob die von ihnen erarbeitete Beschreibung ihrer Lebensaufgabe nun eigentlich tatsächlich stimme. Sie grübeln endlos: „Habe ich mich womöglich getäuscht? Habe ich mir selbst etwas vorgemacht?" Diese Zweifel und Unsicherheiten sollte man möglichst rasch unterbinden. Auf jeden Fall bietet nämlich die Beschreibung der Lebensaufgabe eine viel genauere Orientierung, als man sie vorher hatte. Erinnern wir uns zudem, dass wir gesagt haben, wenn man sich auf einen Weg einlasse, der einen leidenschaftlich begeistere, könne man sich nicht irren. Außerdem ist die Beschreibung ja nicht „in Beton gegossen"; man kann sie jederzeit korrigieren und verbessern.

Angst, zu viel Macht an sich zu reißen

Kann man Angst davor haben, im Leben erfolgreich zu sein? So seltsam das erscheinen mag, manche kommen nicht daran vorbei, das zuzugeben. Sobald sie anfangen, bei der Verwirklichung ihrer Lebensaufgabe Erfolg zu haben, werden sie wie vom Schwindel erfasst und bekommen es mit der Angst zu tun, ins Rampenlicht einer kritischen Öffentlichkeit zu geraten.

So werden manche zum Opfer ihres „Jonas-Komplexes" und ziehen es vor, ihre Lebensaufgabe einfach zu ignorieren und ihre Fähigkeiten schlummern zu lassen. Damit ersparen sie sich die Angst, sich abschätzigen Bewertungen, Neid, Kritik aus ihrer Umgebung, Rivalitäten und anderen Risiken des Scheiterns auszusetzen. Daher verlegen sie sich auf Vermeidungstechniken: Sie halten sich im Schatten; sie formulieren für sich selbst nur bescheidene Wünsche; sie tun so, als seien sie schwer von Begriff oder unfähig; sie nehmen Zuflucht zu allen möglichen Ausreden, um damit ihre Inaktivität zu rechtfertigen.

Andere sind eher versucht, angesichts des möglichen Erfolgs ihrer Lebensaufgabe das Handtuch zu werfen. Das ist dann eine Art Sabotage im eigenen Haus: Sie befürchten, eine Machtfülle zu erreichen, die sie überfordern würde. So verschanzen sie sich gegen die Angstattacken ihres Schattens, der ihr brennendes Verlangen nach Macht verdrängt hält.

Manche scheuen sich davor, ihre Imagination für eine „vision" einzusetzen, wie der französische Begriff dafür lautet, sich die Zukunft vorzustellen. Woher stammt diese Scheu? Um das besser zu verstehen, habe ich im Wörterbuch der Synonyme von Larousse dieses Wort „vision" nachgeschlagen. Angesichts der vorgeschlagenen alternativen Möglichkeiten war ich verwundert darüber, dass sie alle einen negativen Klang haben. Hier einige Beispiele (möglichst wörtlich ins Deutsche übersetzt): Chimäre, Desillusion, Illusion, Halluzination, Trugbild, Traum. Genauso suspekt ist im Französischen das Wort „imagination": Man sagt von ihr, sie sei „la folle du logis" („die Irre im Haus") oder sie „bâtit des chateaux en Espagne" (wörtlich: „baue Schlösser in Spanien", d.h. „Luftschlösser"). Das unterstellt alles, die Imagination verwirre nur die exakten Gedankengänge der Vernunft. Aber in Wirklichkeit ist es so, dass man sich der Möglichkeit beraubt, sich Zukunftsprojekte zu entwerfen und sie anzusteuern, wenn man auf seine Imagination und ihre Kreativität verzichtet.

Könnte es sich bei diesem Pessimismus vielleicht um eine spezifische Mentalität des französisch sprechenden Kulturkreises handeln? Jedenfalls ist diese misstrauische Einstellung gegenüber der Imagination in der anglo-amerikanischen Kultur wesentlich weniger zu spüren, im Gegenteil: dort neigt man eher dazu, ihre Rolle zu übertreiben. Der englische Schriftsteller Joseph Conrad preist die Kraft der Imagination mit den Worten: „Einzig in der Imagination des Menschen findet jede Wahrheit ihre reale und authentische Existenz. Die Imagination (...) ist die höchste Meisterin der Kunst wie des Lebens." Denken wir doch einfach an die Formulierungen *Follow your dream* und *American dream* oder *The sky is the limit.* Es ist ungemein wichtig, genau auf seine inneren Bilder zu achten, denn sie verfügen über die Macht, uns die Wirklichkeit entweder als unerschöpfliche Quelle oder im Gegenteil als ein Gelände voller Schwierigkeiten sehen zu lassen.

Andere stürzen sich im Gegenteil Hals über Kopf in die neue Richtung, die sie für ihr Leben gefunden haben. Sie neigen in ihrer Begeisterung dazu, die Etappen der Vorbereitung und des Reifens zu überspringen. Man könnte von ihnen sagen, dass sie „losziehen, um die Welt zu erobern“. Das war etwa bei jener Frau der Fall, die gerade erst ihr dichterisches Talent entdeckt hatte. Sie hätte unbedingt gewollt, dass ihre ersten Gedichte ohne ein Jota Veränderung in einem bekannten Verlag veröffentlicht würden.

Manche werden auch versucht sein, wieder einen Rückzieher zu machen. Aus Heimweh nach früheren Zeiten schwelgen sie dann in Erinnerungen an glückliche Momente in der Vergangenheit, genau wie das Volk Israel, das, aus seiner Sklaverei befreit, sich beklagte, nicht mehr an den Fleischtöpfen Ägyptens zu sitzen.

Andere wiederum lassen sich bereits von der geringsten negativen Bemerkung aus ihrer Umgebung wieder von ihrem Weg abbringen und entmutigen. Überempfindlich für die Reaktionen ihrer Angehörigen oder Bekannten, ändern sie lieber wieder ihre Richtung, statt die Unannehmlichkeit der Kritik zu ertragen.

Die ausführliche Beschreibung der eigenen Lebensaufgabe

Um diese Widerstände überwinden zu können, tut man gut daran, systematisch vorzugehen. Zu Beginn formuliert man bei der Beschreibung seiner Lebensaufgabe in groben Umrissen ein Ideal, das jedoch noch ziemlich vage und abstrakt bleibt. Jetzt muss man seine neue Vision konkreter und unter genauerer Einbeziehung der äußeren Umstände noch einmal formulieren. Darum geht es jetzt beim Ansatz der so genannten „Affirmation“. Er besteht darin, eine bis in möglichst alle Einzelheiten hinein genaue Vorstellung von seiner Lebensaufgabe zu entwickeln und sich hierauf mit Hilfe der eigenen schöpferischen Imagination möglichst lebhaft vorzustellen, man habe sie bereits angepackt.

David Spangler betont in seinem Buch *Everyday Miracle: The Inner Art of Manifestation*, wie wichtig dieses schöpferische Vorgehen sei: „Für die Menschen ist die Imagination die Matrize der Wirklichkeit. Alles, was es in dieser Welt für uns gibt, fängt in der Imagination eines unserer Mitmenschen an" (1996, 148). Man sollte die Kraft der schöpferischen Imagination nicht unterschätzen: Sie programmiert den Erfolg wie auch den Misserfolg dessen, was man unternimmt. Bei der „Affirmation" geht man davon aus, dass der Mensch die Wirklichkeit als ein Feld voller Möglichkeiten und Erfolgsaussichten betrachtet. Wer dagegen von vornherein nur mit Misserfolgen und Niederlagen rechnet, zieht sich tatsächlich auch lauter Misserfolge und Niederlagen zu.

Sehen wir also zu, wie man sich mittels der „Affirmation" eine starke und mitreißende Vision seiner Lebensaufgabe verschafft.

Anwendung der Methode der „Affirmation"

Eine solche Methode besitzt den Vorteil, den Menschen stark dafür zu motivieren, das angepeilte Unternehmen anzupacken. Die ganz ausführliche Darstellung seiner Lebensaufgabe lässt ihn sehr wachsam auf günstige Gelegenheiten für deren Verwirklichung achten, womit er sie folglich viel besser nutzen kann. Die „Affirmation" erinnert an die Art von Gebet, die Jesus lehrte, und wie sie der Evangelist Markus überliefert: „Alles, worum ihr betet und bittet – glaubt nur, dass ihr es schon erhalten habt, dann wird es euch zuteil" (Mk 11,24).

In einem ersten Schritt geht es jetzt bei der „Affirmation" darum, sich bis in alle Einzelheiten eine Vorstellung von seiner Lebensaufgabe zu machen. Wenn Sie diese schriftlich formuliert haben, wollen wir sie als „virtuellen Rechenschaftsbericht" bezeichnen. In einem zweiten Schritt wird die „Affirmation" dann darin bestehen, sich diese Vorstellung als tatsächlich bereits verwirklicht zu imaginieren.

Beispiele für einen solchen Rechenschaftsbericht
Am besten werden wohl konkrete Beispiele veranschaulichen, worum es bei dem „virtuellen Rechenschaftsbericht“ über die eigene Lebensaufgabe gehen soll.

- Ich hatte meine eigene Lebensaufgabe so beschrieben: *Kenntnisse weitergeben, die andere Menschen befähigen, sich selbst zu helfen, sich zu heilen und auf psychospirituellem Gebiet zu reifen.*

Und hier nun der virtuelle Rechenschaftsbericht über das, was ich mir an einem bestimmten Punkt meines Lebens zu tun vorgenommen hatte: *Ich popularisiere Kenntnisse aus der Psychologie und Spiritualität für immer weitere Kreise von Menschen. Zusätzlich zu meiner Aufgabe als Professor nehme ich Einladungen zu Vorträgen an, bin bereit, Seminare zu halten und Interviews in diversen Medien zu geben. Die Priorität räume ich Ausbildungsveranstaltungen für Multiplikatoren ein: Lehrer und Erzieher, Priester, Eltern usw. Ich schreibe popularisierende Bücher, die den Menschen helfen können, mit ihrer Trauer fruchtbar umzugehen, einander von Grund auf zu verzeihen und ihr Selbstwertgefühl zu verbessern.*

Manche virtuelle Rechenschaftsberichte sind noch präziser. Hier ein Beispiel, mit welchen Worten jemand seine Lebensaufgabe beschrieb: *Ich möchte schon sehr früh in meinem Leben finanziell unabhängig werden, um mich einer Tätigkeit hingeben zu können, die ich leidenschaftlich gern ausübe.* Sein virtueller Rechenschaftsbericht sah dann so aus: *Mit dreißig habe ich meine erste Million Dollar beisammen. Ich widme mich meiner Leidenschaft: dem Verkosten von Weinen. Ich werde ein Experte in Weinkunde. Ich gebe weltweit Kurse und Seminare für leidenschaftliche Weinkenner.*

- Jemand, der bisher Rundfunksendungen redigiert hatte, stellte sich ebenfalls seine weitere Lebensaufgabe recht konkret vor: *Ich werde Freiberufler und diene anderen Menschen auf dem Gebiet der*

Ernährung. Und seinen virtuellen Rechenschaftsbericht darüber formulierte er so: *Ich bin mein eigener Chef, arbeite mit meinen Familienangehörigen im Gaststättengewerbe zur Zufriedenheit meiner Gäste.* Tatsächlich wurde sein virtueller Rechenschaftsbericht dann in der Form real, dass er Besitzer einer Fischräucherei wurde. Wie vorgesehen, machte er daraus ein Familienunternehmen. In einer Auslage seines Geschäfts präsentierte er seine Produkte. Bei einer Fernsehreportage sah ich ihn ganz stolz im Kreis seiner Familie, wie er seinen Kunden seine geräucherten Forellen und Lachse vorstellte.

Sich konkretere Zwischenziele vornehmen

Es kann sein, dass ein virtueller Rechenschaftsbericht viel zu allgemein und fern bleibt, um schon die Imagination lebhaft anregen zu können. Dann muss man ihn in weitere virtuelle Rechenschaftsberichte unterteilen, die Zwischenziele beschreiben.

Zunächst müssen Sie sich eine Liste alles dessen aufstellen, was Sie brauchen, um Ihre Lebensaufgabe erfüllen zu können: menschliche und materielle Ressourcen, handwerkliche, akademische und soziale Fähigkeiten, und nicht zu vergessen die moralischen wie Ausdauer, Ruhe, Begeisterung, Großzügigkeit gegenüber anderen, Fähigkeit zum gründlichen Nachdenken usw. Wählen Sie hierauf die Prioritäten aus diesen Rechenschaftsberichten oder Zielen.

Kommen wir noch einmal auf das Beispiel meines virtuellen Rechenschaftsberichts über meine Lebensaufgabe zurück: *Ich popularisiere Kenntnisse aus der Psychologie und Spiritualität für immer weitere Kreise von Menschen,* usw. Um mit Erfolg an andere Menschen etwas Wesentliches in Wort und Schrift weitergeben zu können, muss ich gesundheitlich einigermaßen in Form sein. Mein Rechenschaftsbericht über eine kürzere Etappe auf dem Weg zu meiner Lebensaufgabe bestand folglich darin, dass ich mit allen erdenklichen Mitteln versuchte, wieder gesund zu werden.

Meine Prioritäten
Erstes Zwischenziel: *meinen Gesundheitszustand bessern.*
Zweites Zwischenziel: *meine verbale und schriftliche Ausdrucksfähigkeit verbessern.*

Drittes Zwischenziel: *dazu bereit sein, zu einem immer größer werdenden Publikum zu sprechen.*

Wie man wirksam seinen virtuellen Rechenschaftsbericht formuliert

Hier einige Regeln, an die man sich beim Formulieren seines virtuellen Rechenschaftsberichts halten sollte, damit er attraktiv und mitreißend wird.

- Der virtuelle Rechenschaftsbericht über die eigene Lebensaufgabe muss positiv formuliert sein.
  - Also schreiben: *Ich habe die Energie und den nötigen Schwung, um öffentlich zu sprechen und einige Stunden pro Tag zu schreiben.*
  - Nicht schreiben: *Das Sprechen und Schreiben ermüdet mich nicht.* Eine derartige Formulierung spricht die Phantasie überhaupt nicht an und führt oft eher zum Gegenteil des gewünschten Effekts.

- Ein virtueller Rechenschaftsbericht muss einen Inhalt bringen, der grundsätzlich von Ihnen, und nicht etwa nur von jemand anderem, verwirklicht werden kann.
  - Schreiben: *Ich esse gut; ich schlafe genügend, um erholt arbeiten zu können; ich nehme zusätzliche Vitamine ein sowie die von meinem Arzt verordneten Medikamente.*
  - Nicht schreiben: *Ich möchte, dass mein Arzt mich gesund macht und mich wieder in gute körperliche Verfassung bringt.*

- Sie sollten Ihren virtuellen Rechenschaftsbericht so formulieren, als hätten Sie Ihre Lebensaufgabe bereits erfüllt.
  - Schreiben: *Ich fühle mich voller Energie; ich erfreue mich besserer Gesundheit; ich esse gut; ich mache regelmäßig Übungen; usw.*
  - Nicht schreiben: *Ich sollte mich gesünder ernähren; ich muss unbedingt regelmäßig körperlich trainieren, usw.* Vermeiden Sie es, in der Zukunfts- oder Möglichkeitsform zu sprechen, denn der menschliche Geist hat dabei die Neigung, den Rechenschaftsbericht „in eine Schublade“ zu packen und seine Verwirklichung ständig aufzuschieben.

- Damit der Rechenschaftsbericht seine volle Wirkung auf die Phantasie behält, ist es wichtig, dass darin bis ins Detail das zu erreichende Ziel beschrieben wird, wozu auch gehört, die Empfindungen, Bewegungen, Farben, Gerüche, Geräusche, Tastwahrnehmungen usw. zu schildern. Dadurch wird der Geist davon überzeugt, dass es sich um ein konkretes Ziel handelt, auf das hin er unverzüglich arbeiten soll. Ihr Rechenschaftsbericht stellt so also eine Art „mentaler Speisekarte“ mit besonders verlockenden Angeboten dar.
  - Schreiben: *Ich gehe morgens immer eine Dreiviertelstunde in der freien Natur spazieren. Ich ernähre mich von gesunden Nahrungsmitteln, frischem Gemüse und Obst; ich nehme regelmäßig meine Vitamine ein; ich trinke pro Tag vier Glas Wasser; usw.*
  - Konkret bleiben und es vermeiden, abstrakt zu sprechen: *Ich mache regelmäßige Übungen; ich ernähre mich gesünder; usw.*

- Wenn Sie beim Lesen Ihres virtuellen Rechenschaftsberichts ein ungutes Gefühl oder Zweifel überkommt, liegt das daran, dass er nicht ganz dem Gesamt Ihres Charakters entspricht. Im Psychologenjargon gesagt: Er würde nicht richtig in die Ökologie Ihres Charakters passen. Versuchen Sie ihn dann also zu verbessern oder ganz zu ändern.

Zweite Etappe
Die „Affirmation“ der Verwirklichung des virtuellen Rechenschaftsberichts über die eigene Lebensaufgabe

Haben Sie Ihren Rechenschaftsbericht so abgefasst, dass er die Kreativität Ihrer Imagination anzuregen vermag, dann bleibt nur noch, dass Sie die Verwirklichung „affirmieren“, also bekräftigend bestätigen.

Hier zwei Methoden mit dem Ziel, eine kreative Spannung für die tatsächliche Verwirklichung ihres virtuellen Rechenschaftsberichts aufrechtzuerhalten. Wählen Sie von den beiden diejenige, die Ihnen mehr liegt.

Erste Methode
Ihren virtuellen Rechenschaftsbericht visualisieren

Die erste Methode besteht aus der Übung, sich Ihren virtuellen Rechenschaftsbericht möglichst plastisch vorzustellen.

Nehmen Sie eine bequeme Haltung ein und entspannen Sie sich allmählich. Lassen Sie dabei den Lärm aus Ihrer Umgebung einfach sein, wie er ist. Dadurch können Sie sich tiefer in Ihr Inneres versetzen.

Schauen Sie um sich und nehmen Sie ganz bewusst die Farben, die Formen, die Kontraste von Licht und Schatten wahr. Das hilft Ihnen, noch tiefer in Ihrem Inneren zu verweilen.

Werden Sie sich Ihres Atems bewusst: Ihres Einatmens, Ihres Ausatmens; achten Sie darauf, welches von beidem länger dauert … Diese Übung ermöglicht Ihnen, noch weiter in Ihr Inneres zu gehen.

Stellen Sie sich vor, Sie werden ganz allmählich in ein mildes spirituelles Licht gebadet und genießen Sie das.

Jetzt stellen Sie sich vor, Sie haben das, was Sie in Ihrem virtuellen Rechenschaftsbericht beschrieben haben, tatsächlich erreicht, haben also Ihre Lebensaufgabe, wie Sie sie ins Auge gefasst hatten, tatsächlich verwirklicht.

Führen Sie sich zu Bewusstsein, wie sich dadurch Ihre Sicht der Welt, der Ereignisse in ihr, der Menschen und Ihrer selbst verändert hat.

Schauen Sie sich Ihren neuen Lebensentwurf in allen Einzelheiten an. Sie sind stolz darauf.

Machen Sie sich ein lebendiges und farbiges Bild von Ihrer neuen Situation.

Horchen Sie auf das neue innere Zwiegespräch, das in Ihrem Inneren stattfindet.

Hören Sie, wie die Leute ausgiebig über Ihren Erfolg miteinander sprechen.

Horchen Sie auf die Bemerkungen, die in Ihrer Umgebung fallen, seit Sie Ihr Ziel erreicht haben.

Beglückwünschen Sie sich selbst!

Genießen Sie in vollen Zügen die Freude, die Befriedigung und das Glück, endlich Ihre Lebensaufgabe erfüllt zu haben.

Lassen Sie einen richtigen Stolz darauf zu, es geschafft zu haben und erfolgreich gewesen zu sein.

Verrichten Sie am Ende Ihrer Meditation ein Dankgebet an Gott oder an die Vorsehung, dass Ihnen ein solcher Erfolg vergönnt wurde.

Kehren Sie dann gemäß Ihrem eigenen Rhythmus langsam aus Ihrem Inneren zurück und nehmen Sie dabei die Gefühle der Freude, der Zufriedenheit und des Glücks mit, die Sie gerade erlebt haben.

Nehmen Sie sich noch einen Augenblick Zeit, um einfach zu schweigen und sich ganz erfüllt zu fühlen, sowie voller Zuversicht angesichts der weiteren Herausforderungen des Lebens.

Erzählen Sie niemandem von Ihrer Meditation. Sie bleibt Ihr Geheimnis. Leben Sie weiterhin so wie bisher und widmen Sie sich Ihren Beschäftigung so, als wäre nichts geschehen.

Machen Sie diese Meditation einmal täglich, morgens oder abends, an einem ruhigen, friedvollen Platz. Das ermöglicht es Ihnen, die für die Verwirklichung Ihrer Lebensaufgabe günstigen Gelegenheiten wahrzunehmen und zu ergreifen. Sie werden dann die für die Erfüllung Ihres Lebenstraums notwendigen Taten mutig anpacken. Das wird Ihnen gelingen, ohne dass Sie dazu gewaltige Anstrengungen aufbieten müssten, denn Sie handeln aus der Gewissheit, dass die Vorsehung oder das Universum das Ihre zur Verwirklichung Ihres Lebensentwurfs beitragen.

Zweite Methode
Ihre derzeitige Situation
mit Ihrem virtuellen Rechenschaftsbericht vergleichen

Laurie Beth Jones leitet in ihrem Buch *Tous les chemins mènent à soi* zu einer interessanten Visualisationsübung an, die geradezu akrobatische mentale Fähigkeiten voraussetzt. Dabei geht es darum, im Kopf zwei übereinandergelegte Bilder zugleich festzuhalten, wie man das zuweilen auf einem Fernsehbildschirm sehen kann.

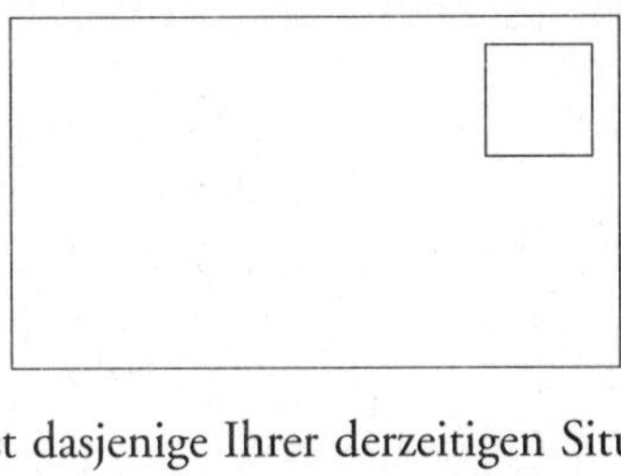

Das erste Bild ist dasjenige Ihrer derzeitigen Situation, das zweite dasjenige Ihres virtuellen Rechenschaftsberichts. Alle großen schöpferischen Geister verfügen über diese Fähigkeit, sich in dem Material, das sie bearbeiten, bereits im Voraus das vollendete Meisterwerk vorstellen zu können, das daraus entstehen soll: Die Maler projizieren es auf die noch weiße Leinwand, die Bildhauer sehen seine Umrisse bereits im Stein, den sie bearbeiten, die Komponisten hören die Melodie bereits, bevor sie sie aufs Notenpapier aufzeichnen.

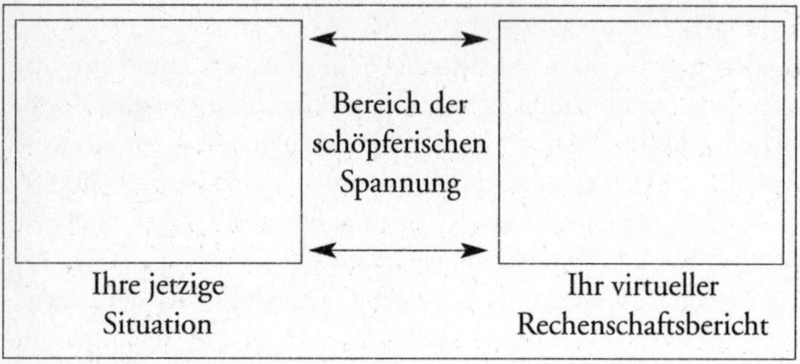

Anfangs werden Sie in sich angesichts der Kluft zwischen Ihrer jetzigen Situation und Ihrer neuen Vorstellung von Ihrer Lebensaufgabe eine Spannung verspüren, einen notwendigen Stress. Bemühen Sie sich, die schöpferische Spannung zwischen dem bereits Vorhandenen und dem, was erst kommen wird, wenn Sie Ihre Lebensaufgabe erfüllt haben werden, beizubehalten.

Mit dieser Methode bewahrt man sich davor, sich wieder ganz auf die guten alten Gleise zu beschränken, die bequem, aber ineffizient und langweilig sind. Solange Ihnen lebhaft die Vision vorschwebt, die Sie mit Ihrem virtuellen Rechenschaftsbericht entwickelt haben, werden Sie von einer solchen Begeisterung angetrieben sein, dass diese die Trägheit und die Unsicherheit gegenüber dem Unbekannten überwinden werden.

Als ich in der Psychotherapie meine Ausbildung in der Neurolinguistischen Programmierung anfing, war ich von der Wirkung dieser Methode hingerissen. Im Lauf der Ausbildungsseminare konnte ich bei den Klienten augenfällig die rapiden und dauerhaften Veränderungen miterleben, die dieser Ansatz bewirkte. Aber trotz meiner Begeisterung kam ich nicht so weit, selbst die NLP in meiner Praxis einzuführen.

Doch zum Schluss einer viertägigen Ausbildungsseminars machte John Grinder, einer der Gründer der NLP, mit uns eine Übung, um uns zu helfen, die im Lauf dieses Seminars erworbenen Kenntnisse selbst praktisch umzusetzen. Zunächst ließ er uns vergegenwärtigen, was wir nun wüssten, und dann leitete er uns an, uns im Geist plastisch unser eigenes Beratungszimmer und die künftigen Klienten vorzustellen, mit denen wir nur noch anhand der Methoden der NLP arbeiten würden.

Am nächsten Morgen wandte ich spontan die Methoden der NLP auf meinen ersten Klienten an. Und seither hatte ich nie mehr die geringste Schwierigkeit, mich dieses Ansatzes zu bedienen. Zu meinem großen Erstaunen hatte mich die von John Grinder angeregte Visualisationsübung aus meinen eingefahrenen Gewohnheiten herausgerissen. Dabei hatte ich also selbst eindrucksvoll erlebt, welche Kraft in einem virtuellen Rechenschaftsbericht als Mittel zum Erreichen einer erfolgreichen Zukunft steckt.

12
Seine Lebensaufgabe praktisch anpacken

Eine Touristin besuchte ein Lepra-Krankenhaus und fotografierte eine Ordensschwester, die gerade einem Leprakranken einen Verband anlegte. Nachdem sie ihre Fotos gemacht hatte, rief sie aus: „Eine solche Arbeit würde ich nicht fertig bringen, selbst wenn man mir alles Gold der Welt dafür geben würde!" Die Ordensschwester gab zur Antwort: „Da haben Sie Recht. Um alles Gold der Welt würde ich es auch nicht tun."

Es bedarf einer ungeheuren Kraft, um eine Rakete über den Bereich der Erdanziehung hinauszuschießen. Ist sie erst einmal auf ihrer Umlaufbahn, so bleibt sie in Folge des Trägheitsgesetzes ständig am Fliegen. Genauso erfordern die ersten Schritte bis dahin, dass man seine Lebensaufgabe energisch anpackt, viel Energie und Mut. Wer sich mit der Frage nach seiner Lebensaufgabe beschäftigt, macht kritische Phasen durch, in denen die Versuchung, das Unternehmen abzubrechen, ungeheuer groß ist. In seinem Kopf schwirren unzählige Fragen: „Und wenn es sich herausstellen sollte, dass ich mich getäuscht habe? … Wie viel Zeit, Mittel und Anstrengung habe ich dann umsonst vertan? Bin ich wirklich genügend dafür gerüstet, um allen Schwierigkeiten, die mich erwarten, die Stirn bieten zu können? Vielleicht sollte ich doch etwas ganz anderes machen … Und wenn ich es nicht schaffe, was werden dann die Leute sagen? Vielleicht stecke ich mir doch viel zu ehrgeizige Ziele!"

In Momenten des Zweifels und der Versuchung, umzukehren, ist es hilfreich, das Problem auf den Kopf zu stellen und sich zu fragen: „Was wird denn aus mir werden, wenn ich diesen meinen Lebenstraum nicht verwirkliche? Wie sehr wird mich die Reue plagen, es nicht wenigstens versucht zu haben! Ich kann mir nicht allen Ernstes vorstellen, dass ich einfach so in meinem Alltagstrott weitermache und nicht der Leidenschaft nachgehe, die mich verfolgt!"

Für manche ist es ein guter Antrieb, endlich zur Tat zu schreiten, wenn sie daran denken, wie schlimm es wäre, wenn sie ihre Lebensaufgabe verpassen würden und wie sehr ihnen das psychisch zusetzen würde. Denn der Preis, den man zahlen muss, wenn man sich gegenüber seiner Lebensaufgabe sperrt, ist sehr hoch: unerfüllte Sehnsucht, Langeweile, Weltschmerz, Gefühl der Fruchtlosigkeit, stumme Niedergeschlagenheit, Unzufriedenheit, unerfüllte Träume, Unbefriedigtsein ... Anthony Robbins äußert in seinem Buch *Grenzenlose Energie: das Power-Prinzip* die Überzeugung: „Das radikalste Mittel, um seine Haltung zu ändern, besteht darin, sich sein Leiden ganz deutlich bewusst zu machen."

Laurie Beth Jones vertritt ganz ähnlich, die Vorstellung, wie es sei, wenn man nicht den Traum seines Lebens verwirkliche, diene als „punktuelle Kraft", um den Menschen zu einem größeren Risiko zu bewegen. Meiner Ansicht nach hängt alles vom jeweiligen Charakter und Temperament ab: Manche werden von der Aussicht hingerissen sein, ihre ganz persönliche Lebensaufgabe anpacken zu können; andere werden sich eher von der Angst motivieren lassen, die Erfüllung ihres Lebenstraums zu verpassen. In meiner eigenen Erfahrung gab es beide Antriebe, aber mir scheint, die Leidenschaft, mich meiner Lebensaufgabe zu widmen, wurde schließlich viel stärker als die Angst, sie nicht zu erfüllen.

Nichts überstürzen: kalkulierte Risiken eingehen

Jeder lange Weg beginnt mit einem ersten Schritt.

Autor unbekannt

Denen, die sich unverzüglich ans Werk machen wollen, ihren Traum in die Tat umzusetzen, lauert zuweilen eine ganz besondere Gefahr. Sie glauben nämlich unter dem Eindruck ihrer Erleuchtung und im Schwung der ersten Begeisterung, alles sei von einem Tag auf den anderen durchzusetzen. Und schon bei den ersten Erfolgen sind sie der Überzeugung, bereits den Gipfel des Ruhms erstürmt zu haben. Ihr Ego bläht sich auf. Da fallen mir jene Art Schriftsteller ein, die schon von ihren ersten Veröffentlichungen Ruhm und Bekanntheit erwarten, oder jene Hobbymaler, die ihre Gemälde unbedingt in berühmten Kunstgalerien ausstellen wollen, oder die Leute, die sich nach zwei Wochen Ausbildung in irgendeiner spirituellen Disziplin schon zu „Gurus“ erklären. Ihre Ungeduld und ihr überstürztes Verhalten bereiten ihnen schließlich herbe Enttäuschungen, die ihnen allen Mut nehmen können. Daher ist es wichtig, in kleinen Schritten vorzugehen, mit Ausdauer, Mut, Geduld und kluger Unterscheidung.

Im Gegensatz zu denjenigen, die eher überstürzt losschießen wollen, gibt es andere, die den ersten Schritt nicht wagen. Sie verlieren sich in Untersuchungen und Analysen, bemühen sich um den Rat von Experten, machen alle möglichen Kurse mit, kommen mit dem Vorbereiten nie an ein Ende, wo sie doch nur eines tun sollten: endlich ins Wasser springen.

Worauf alles ankommt, ist, dass man sich auf den Weg macht und dabei sein ganzes Herz einsetzt. Ich will Ihnen dazu ein Beispiel erzählen, das ich anlässlich der Veröffentlichung meines ersten Buches *Aimer, perdre et grandir* selbst erlebt habe. Ich hielt damals zahlreiche Vorträge über die Notwendigkeit, seine Trauer richtig auszuleben. Zudem gab ich auch Kurse zu diesem Thema und bot verschiedenen speziell daran interessierten Gruppen Ausbildungsseminare an. Da kam mir die Idee, über das Trauern ein Buch zu schreiben. Aber allein schon der Gedanke, etwas zu schreiben, lähmte mich. Mir stand wieder lebhaft mein Französischlehrer vor Augen, der vor versammelter Klasse Abschnitte aus meinen Aufsätzen vorgelesen und sich über meinen holprigen Stil lustig gemacht hatte. Aber trotzdem ließ mich die Idee, etwas über das Trauern zu schreiben, einfach nicht mehr los. Da fing ich damit an, ganz unsystematisch auf einzelne Blätter immer wieder etwas zu skizzieren, was ich zu diesem Thema wusste oder aus Erfahrung kannte, so, wie es mir gerade einfiel. Schließlich beschloss ich, meine Notizen zusammenzufassen und daraus eine Broschüre zu machen. Um mich zu vergewissern, dass meine Aufzeichnungen tatsächlich von Belang seien, gab ich sie einigen Freunden zu lesen.

In der Erwartung ihres Urteils durchlebte ich regelrechte Folterqualen und wurde von Ungewissheit und Zweifeln geplagt. Doch zu meiner großen Genugtuung erhielt ich begeisterte Kommentare. Manche meiner ersten Testleser ergänzten sogar meine Gedichte mit einigen selbst geschmiedeten Versen. Ich hatte also ihre Wellenlänge getroffen! Gestärkt durch diese Ermutigung, verkaufte ich diese Broschüre an die Besucher meiner Vorträge. Eines Abends nach einem Vortrag sprach mich eine Bekannte an, die einen kleinen Verlag besaß, und zeigte sich interessiert, meine Broschüre in Buchform zu veröffentlichen. So sahen die zögerlichen Anfänge meiner Schriftsteller-Laufbahn aus. Aus meinen anfänglichen Fotokopien wurde ein Buch, das inzwischen in sechs andere Sprachen übersetzt ist.

Diese Erfahrung hat mich gelehrt, meine Lebensaufgabe Schritt für Schritt zu verwirklichen. Doch sei hinzugefügt, dass es auch Lebensaufgaben gibt, die gleich am Anfang einen gewaltigen Einsatz seiner selbst erfordern, denn man kann sie genauso wenig wie den Sprung über einen Abgrund in zwei oder noch mehr Schritte unterteilen.

Sich auf Prüfungen auf dem Weg gefasst machen

In den Mythen stoßen alle Helden, die sich zu großen Eroberungen aufmachen, auf Hindernisse auf ihrem Weg: auf Riesen, Hexen, Sirenen, Ungeheuer, Fallen, unüberwindliche Berge, Verführungen, die sie von ihrem Ziel weglocken usw. Wenn wir unserem Ruf folgen, müssen wir uns genauso darauf gefasst machen, dass wir auf die Probe gestellt werden.

Auch wir werden vor die Notwendigkeit gestellt, uns von vielem zu lösen; das kann vorhersehbar sein oder auch ganz unerwartet kommen. Oft werden wir unsere Sicherheiten opfern müssen, unseren sozialen Status, unsere Freizeit, die Billigung seitens unserer Eltern oder Kollegen, unsere finanzielle Sicherheit usw. Das französische Wort für „opfern“, *sacrifier*, ist vom lateinischen *sacrum facere* abgeleitet, was bedeutet: „etwas Heiliges machen“, und dieser Sinn wird hier voll erreicht: Wir verzichten auf bestimmte Güter, um etwas viel Höheres, „Heiliges“ zu gewinnen. Schließlich werden wir für die Opfer, zu denen wir bereit waren, mit dem „Goldenen Vlies“ unserer Lebensaufgabe belohnt.

Zu den freiwilligen Verzichten kommen unvorhergesehen auch unfreiwillige hinzu: eine Krankheit, ein Unfall, Missverständnisse, Verlassenwerden von jemandem, auf den man zählte, Schikanen der Verwaltung usw. Ich habe solche Hindernisse selbst kennen gelernt, als ich mit 42 Jahren noch klinische Psychologie in San Francisco studieren wollte. Aber mein fester Wille, mir eine solide Ausbildung als Psychologe zu verschaffen, half mir, alle Schwierigkeiten zu überwinden. Heute verstehe ich den Ausspruch Nietzsches besser, wer ein „Wozu“ habe, also ein festes Ziel oder Ideal, der ertrage jedes „Wie“. Der Antrieb, unbedingt dem Ruf seiner Seele zu entsprechen, erschließt in einem selbst Energien und Ressourcen, die man nie für möglich gehalten hätte.

Die Prüfungen ergeben sich zuweilen direkt aus der Natur der Berufung, die man erkannt hat. Ein alter Arzt schilderte mir die Desillusionierung, die er zu Beginn seiner beruflichen Laufbahn erlebt habe. Er hatte sich in seinem Idealismus vorgestellt, schon bald Kranken wirksam helfen und Menschen vor dem Sterben bewahren zu können, und ausgerechnet er hatte dann in seinen ersten Ausbildungsjahren die Aufgabe zugeteilt bekommen, die Leichname ins Leichenschauhaus zu transportieren. Der Anblick der kalten, leblosen Körper auf den Steinfliesen hatte ihn angewidert. Er war fast so weit, alles aufzugeben. Jedoch der Gedanke, er stehe in einer langen Reihe von Ärzten, die ebenfalls zuerst diese wenig interessante Arbeit hatten verrichten müssen, verlieh ihm den Mut, durchzuhalten.

Ähnlich ging es einer schwangeren Frau, die zunächst Zeiten großer Freude erlebt hatte, dann jedoch angesichts der bevorstehenden Entbindung panische Ängste bekommen hatte: Sie werde die Wehen nicht aushalten, bei der Entbindung womöglich sterben, ein missgebildetes oder ein totes Kind zur Welt bringen. Um diese Ängste zu überwinden, dachte sie intensiv an all die Frauen, die das schon vor ihr durchgemacht und die gleichen physischen und psychischen Qualen gut überstanden hatten. Dieser Gedanke half ihr, mit den Herausforderungen und Risiken des Mutterwerdens fertig zu werden.

Dieser Arzt und diese baldige Mutter schöpften ihre Kraft und ihren Mut aus dem Gedanken an die großen archetypischen Bilder, die in ihnen steckten. Somit fanden sie Anschluss an die Kraft des Mythos vom Heiler bzw. von der Urmutter und wurden sich dessen bewusst, dass sie mit ihrem Abenteuer nicht mehr allein, sondern mit allen Menschen verbunden waren.

Angst vor den Reaktionen aus der eigenen Umgebung

Die Meinung der anderen spielt eine wichtige Rolle, wenn es darum geht, ob man seiner Lebensaufgabe treu bleibt oder sie aufgibt. Wenn man befürchtet, von Menschen, die einem besonders nahe stehen, abgelehnt zu werden, erwachen alte Ängste vor dem Verlassenwerden, die bis in die Kindheit zurückreichen. Nicht selten reagieren Eltern und nahe Angehörige entsetzt oder verwirrt darauf, wenn man seinen Entschluss kund tut, sich einer bestimmten Lebensaufgabe zu verschreiben. Beispiele dafür gibt es viele: Ein Vater beschließt, einen einträglichen Beruf aufzugeben, um das zu verwirklichen, was ihn leidenschaftlich interessiert; eine Mutter möchte noch ein Studium anfangen, um in einen interessanten Beruf einsteigen zu können; eine Tochter möchte einen Burschen heiraten, der nicht gewillt ist, das elterliche Geschäft zu übernehmen; ein Sohn hat keinerlei Interesse, in die Fußstapfen seines Vaters zu treten und wendet sich beruflich etwas ganz anderem zu. Es ist schmerzlich, etwas ganz gegen die Erwartungen seiner Familienangehörigen zu tun. Diese äußern ihre Missbilligung auf unterschiedliche Weisen: etwa mit eisiger Ablehnung, Abbrechen aller Kontakte, Hohn und Spott, oder sogar mit allen möglichen Drohungen. Aber der Preis, den man dafür zahlen muss, den Wunsch seiner Seele erfüllen zu können, ist nie zu hoch, selbst wenn man dafür Zwietracht und Unverständnis in Kauf nehmen muss.

Alle Institutionen, handle es sich um Familie, Schule, Regierung, Militär, religiöse oder andere Einrichtungen, neigen dazu, die Unterwerfung und die Anpassung zu belohnen, und nicht die Autonomie und Originalität. Nichts kämpft stärker dagegen an, dass jemand mit einer ganz neuen Lebensaufgabe daherkommt. Die Hüter von Tradition, Ordnung und Stabilität sehen jeden scheel an, der dem Ruf seiner Seele folgen möchte. Aber paradoxerweise sind es gerade die Originale, die Initiatoren von etwas Neuem, die Erfinder, die schöpferischen Geister, die Künstler, die, indem sie alte Tabus und überholte Gesetze brechen, den Institutionen zum Fortschritt verhelfen, denen also, die sie „exkommunizierten". Ich mache mir nicht immer Freunde damit, wenn ich zu meinen Studenten sage, in der Lebensmitte solle man weniger dem Willen seiner Vorgesetzten und mehr den eigenen inneren Antrieben gehorchen …

Seine Lebensaufgabe zu verfolgen, kann sogar bedeuten, sich von der Gruppe zu trennen, der man zugehört, weil es viel zu schwierig wäre, ständig mit Äußerungen zu leben wie: „Für wen hält der sich eigentlich, dass er seine Arbeitsstelle wechselt? Was für ein flatterhafter Mensch! Nirgends kann er lange bleiben!" Wer entschlossen seinem Ruf folgen will, muss auch bereit sein, Unterstellungen und aggressive Äußerungen derer in Kauf zu nehmen, die nicht den Mut dazu haben. Wenn man die konformistische Ruhe eines Milieus oder einer Gruppe stört, zerstört man damit auch das fixe Bild, das sich die anderen von einem gemacht haben. So besteht der Preis, den man dafür bezahlen muss, dass man den Traum seiner Seele erfüllt, zuweilen darin, sein Ansehen als „guter Junge" oder „braves Mädchen" zu verlieren. Es bedarf einiger Anstrengung, diese uns von Kindheit an tief eingefleischte Angst vor dem Verlassenwerden zu überwinden und also mutig der Missbilligung und sozialen Ablehnung die Stirn zu bieten.

Zu seiner Lebensaufgabe „Ja" zu sagen, macht Angst, denn das verpflichtet einen dazu, seine wahren Freunde zu suchen. Glücklich der Mensch, der auf die Ermutigung wenigstens eines anderen Menschen bauen kann, der an ihn und seine Lebensaufgabe glaubt. Als ich vorhatte, noch einmal Psychologie zu studieren, erhielt ich die bedingungslose Unterstützung meines Hausoberen. Er hat es womöglich nie erfahren, aber in meinen düstersten Stunden gaben mir seine Worte immer wieder den Mut zum Weitermachen.

Ich vertraute eines Tages einem Mitbruder an, dass ich vorhätte, im Lauf des Jahres ein zweites Buch zu veröffentlichen. Er riet mir davon ab mit der Begründung, ich suchte damit auf ungute Weise große Bekanntheit und sei zu sehr auf das Geldverdienen aus. Seine Äußerung brachte mich zunächst kurz ins Wanken, aber dann wischte ich sie bald beiseite und machte mich weiter ans Schreiben meines Buches. Wenn man an dem Punkt ist, seine Lebensaufgabe verwirklichen zu wollen, muss man es lernen, die „Unglückspropheten" klar zu erkennen und sich von ihnen zu distanzieren. Denn die Ratschläge, die sie geben, entstammen eher ihrer eigenen Angst oder vielleicht sogar Eifersucht, als ihrem Wunsch, einem zu helfen.

Wenn man es versteht, andere um Hilfe zu bitten, ist das für die Erfüllung der eigenen Lebensaufgabe von großem Vorteil. Oft geniert man sich oder hat einen unangebrachten Stolz, alles allein fertig zu bringen, und geht dann nicht auf andere zu, um von ihnen Hilfe zu erbitten. Es dürfte ein regelrechter Charakterzug der nordamerikanischen Kultur sein, am liebsten alles im Alleingang zu machen, um sich dann brüsten zu können, man habe alles aus eigener Kraft zustande gebracht, oder, wie Frank Sinatra so eindrucksvoll sang: *„I did it my way."* Ferner ist es für jemanden, der ein großes Vorhaben zu verwirklichen gedenkt, wichtig, sich hinzusetzen und eine genaue Liste alles dessen, was er dazu braucht, aufzustellen: der materiellen Ressourcen, der Kenntnisse, der Mitarbeiter, der Leute, die ihm Mut machen usw. Ist die Liste einigermaßen vollständig, so kann man ja die Punkte ankreuzen, die man ganz allein zu erfüllen vermag. Zu den übrigen sollte man sich um Hilfe umsehen. Nie jemanden um Hilfe anzugehen, ist der beste Weg dazu, tatsächlich auch nie Hilfe zu bekommen. Wenn man umgekehrt den Mut dazu aufbringt, kann man fast immer sicher sein, auch tatsächlich hilfreiche Menschen zu finden. Die meisten Menschen fühlen sich nämlich wegen des Vertrauens beehrt, dass man sich an sie um Hilfe wendet.

Von denen, die wir zur Mitarbeit heranziehen, erwarten wir bestimmte Eigenschaften. Auch sie müssen an unsere Lebensaufgabe glauben, ja sogar von ihr begeistert sein. Jedenfalls ist es wichtig, dass sie über eine gewisse innere Freiheit verfügen. Uns liegt ja nicht an einem Abhängigkeitsverhältnis, sondern wir wünschen uns eine Beziehung auf Gegenseitigkeit, vergleichbar mit der zwischen einem Mentor und seinem Schüler. Im übrigen ist es vorzuziehen, sich einen Mitarbeiter zu wählen, der selbst dabei ist, seine Lebensaufgabe zu verwirklichen, also jemanden, der seinen eigenen Weg aus Erfahrung kennt und von da her seine wertvolle Erfahrung und seine praktischen Ratschläge einbringen kann. Für die Redaktion meiner Bücher habe ich zum Beispiel einen idealen Mentor gefunden: Er interessiert sich für meine Arbeit, korrigiert meine Aufschriebe, weist mich auf unklare Stellen hin, stellt manche Behauptungen in Frage, macht Verbesserungsvorschläge und freut sich über meine Erfolge mit.

Sein Engagement ständig erneuern

Glauben Sie ja nicht, es bleibe für Sie im Leben nichts mehr zu tun, wenn Sie erst einmal Ihren Lebensauftrag erfüllt haben. In Wirklichkeit ist es so, dass man die leise innere Stimme kaum mehr zum Schweigen bringen kann, wenn man erst einmal angefangen hat, ihrem Ruf Folge zu leisten. Sie fordert einen auf, das, was man im Sinn des Traums seiner Seele erreicht hat, ständig weiter auszubauen. Sie wird nach den ersten Erfolgen nicht aufhören, Sie ständig weiter anzustacheln, und da sie ganz auf die Zukunft ausgerichtet ist, lässt sie Ihnen gar nicht viel Zeit, nach rückwärts zu schauen. Sie gönnt Ihnen keine Zeit, die Hände bequem in den Schoß zu legen, sondern stellt Sie ständig vor neue Herausforderungen, zum Beispiel die, noch mehr Menschen zu erreichen und sie noch stärker zu beeinflussen.

Wenn ich mir meine Berufung ansehe, andere Menschen dazu anzuregen und zu ermutigen, sich selbst zu helfen, wird mir deutlich bewusst, dass sich mir bei der Erfüllung meiner Lebensaufgabe viel weitere Horizonte aufgetan haben, als ich sie anfangs vorausgesehen hatte. Zunächst war ich Psychotherapeut, dann Animateur von kleinen Gruppen, und schließlich wurde ich Schriftsteller, der seine Leser darin unterwies, sich selbst aus Schwierigkeiten herauszubringen. Trotz meiner Schüchternheit fing ich an, Einladungen, vor kleinen Gruppen zu sprechen, anzunehmen. Dieses „Ja" wiederholte ich dann, als ich vor größeren Versammlungen sprechen oder Interviews in den Medien geben sollte: in Zeitungen, im Rundfunk und im Fernsehen. Meine ersten „Ja" führten mich dann weiter dazu, auch Ausbildungsseminare in Europa zu halten. Was bleibt mir jetzt noch weiter zu tun übrig? Mich im Internet zu präsentieren? Ein Ausbildungszentrum für Multiplikatoren zu gründen? Weitere Bücher zu schreiben, um die bereits angeschnittenen Themen zu vertiefen? Ich sehe noch kein Ende der Erfüllung meiner Lebensaufgabe ab.

Eine Übung, um die Hindernisse zu visualisieren, auf die man bei der Verwirklichung seiner Lebensaufgabe stoßen kann

Zuweilen lässt schon der bloße Gedanke daran, dass die eigene Lebensaufgabe allmählich konkret wird, alle möglichen Ängste und Vorstellungen von Hindernissen, die sich einem in den Weg stellen werden, hochkommen. Damit Sie sich diese deutlich bewusst machen können, will ich Sie hier zu einer Visualisierung anregen, mittels derer Sie sie offen anschauen und Mittel und Wege finden können, sie zu zähmen.

Lesen Sie noch einmal den virtuellen Rechenschaftsbericht über Ihre Lebensaufgabe durch. Wenn Sie ihn für noch nicht genau genug halten, können Sie weitere Ihnen notwendig erscheinende Ergänzungen hinzufügen.

Gehen Sie dann ganz langsam in sich selbst. Wenn nötig, schließen Sie die Augen. Horchen Sie auf den Lärm und die Sie umgebenden Geräusche und kehren Sie noch tiefer in sich selbst ein. Werden Sie sich Ihres Einatmens bewusst … und Ihres Ausatmens … Das hilft Ihnen, noch intensiver ganz bei sich selbst zu sein.

Lassen Sie alle Spannungen sich lösen. Atmen Sie Ihre Müdigkeit langsam hinaus. Spüren Sie, wie Ihr Körper zunehmend gelöster wird.

Stellen Sie sich jetzt ein Symbol vor, das Ihre Lebensaufgabe darstellen könnte, etwa eine menschliche Gestalt, einen Gegenstand, ein Tier, eine Landschaft oder etwas anderes. Umgeben Sie dieses Wesen mit Licht und stellen Sie es auf die Spitze irgendeiner Anhöhe oder Erhebung. Lassen Sie sich Zeit, es in Ruhe anzuschauen.

Schauen Sie jetzt auch genau den Weg an, der bis zu Ihrem Symbol führt.

Lassen Sie sich die Zeit, ihn sich genau vorzustellen.

Auf dem ganzen Weg sehen, hören und spüren Sie, dass sie von mehr oder weniger bizarren Lebewesen umgeben sind. Sie sind rechts und links von Ihrem Weg da, um Sie daran zu hindern, Ihre Lebensaufgabe zu erfüllen.

Während dieser Zeit erneuern Sie ganz tief in Ihrem Inneren immer wieder Ihren Wunsch und Willen, den Weg zu durchlaufen, der Sie vom Gegenstand Ihrer Träume noch trennt. Halten Sie den Blick fest auf den Glanz des Symbols Ihrer Lebensaufgabe gerichtet, wie es hoch auf der Anhöhe vor Ihnen steht.

Auf der einen Seite Ihres Weges begegnen Sie Wesen, die sie abzulenken versuchen. Sie zeigen Ihnen lauter Abzweigungen und fordern Sie auf, diesen zu folgen. Stellen Sie sich plastisch die Dinge und Tätigkeiten vor, für die sie stehen, um Sie zu verführen und vom Weg zur Erfüllung Ihrer Lebensaufgabe abzubringen.

Auf der anderen Seite des Weges befinden sich Wesen, die Ihnen Angst zu machen versuchen. Versuchen Sie deutlich zu hören, was sie zu Ihnen sagen, um Ihnen den Mut zum Weitermachen zu nehmen, etwa: „Dazu bist du gar nicht fähig ... Das wirst du nie und nimmer fertig bringen ... Dir fehlen sowohl der erforderliche Mut wie die Ausdauer, um dieses Ziel je zu erreichen ... Gib auf, das ist für dich viel zu schwierig ...“ Vielleicht können Sie sogar konkrete Menschen benennen, die Ihnen solche Gedanken einreden könnten.

Ein Stück weiter sehen Sie dann die Unglückspropheten. Horchen Sie genau hin, was die Ihnen alles sagen.

Längs Ihres Weges gibt es auch Menschen, die sich davor fürchten, dass Sie ihn mit Erfolg gehen könnten. Sie haben vielleicht Angst davor, Sie könnten sich ihrem Gefühl nach zu sehr verändern und befürchten, Sie dann gar nicht mehr wiederzuerkennen. Folglich wollen sie es Ihnen ausreden, sich weiter mit der Erfüllung Ihrer Lebensaufgabe zu beschäftigen. Vielleicht drohen sie Ihnen sogar, Sie zu verlassen. Wer sind diese Menschen?

Sie begegnen auch Spöttern, die sich über Ihr Vorhaben lustig machen. Was sagen Sie zu ihnen? Eine gute Taktik besteht darin, sie schlicht und einfach zu ignorieren.

Schließlich bekommen Sie es mit Menschen zu tun, die Sie zu verführen versuchen, um Sie von der Erfüllung ihrer Lebensaufgabe abzulenken. Stellen Sie sich deutlich vor, wie sie versuchen, Ihre Energien zu zerstreuen.

Sie können hie und da stehen bleiben, um mit einzelnen dieser Wesen, die Sie an der Erfüllung Ihrer Lebensaufgabe hindern wollen, ausführlicher zu sprechen. Bei anderen merken Sie, dass es sich gar nicht lohnt, sich ihretwegen aufzuhalten.

Konzentrieren Sie sich angesichts jedes Hindernisses, dem Sie begegnen, immer wieder ganz stark auf Ihre Lebensaufgabe und spüren Sie in sich den Mut, die Kraft und die Begeisterung, die Sie erfüllen.

Alle diese gegen Sie arbeitenden Gestalten sind nur dazu angetan, Ihre feste Entschlossenheit, Ihr Ziel zu erreichen, zu verdoppeln.

Wenn Sie dann schließlich beim Symbol Ihrer Lebensaufgabe ankommen, lassen Sie sich Zeit, um es sich ganz anzueignen. Verkosten Sie Ihren Sieg und lassen Sie in sich deutlich das Gefühl des Stolzes und der Befriedigung hochkommen. Werfen Sie noch einmal kurz einen Blick auf alle Hindernisse, denen Sie begegnet waren, zurück und beglückwünschen Sie sich zu Ihrem Mut, Ihrem Geschick und Ihrer Ausdauer. Diese Empfindungen werden Sie durch die vor Ihnen liegenden Tage, Wochen, Monate und Jahre hindurch weiter beseelen und stärken.

Kommen Sie dann ganz allmählich wieder in die äußere, Sie umgebende Welt zurück; tun Sie das ganz gemäß Ihrem eigenen Rhythmus. Öffnen Sie langsam die Augen. Spüren Sie die Ruhe und Entspannung und den Stolz auf sich selbst.

◆ ◆ ◆

Die Geschichte von Jonas fand eine glückliche Lösung. Sobald er seine Lebensaufgabe angenommen hatte, beruhigte sich das Unwetter über dem Meer. Er predigte den Einwohnern von Ninive, denen ein Licht aufging und die sich bekehrten. Gott selbst veränderte sich für ihn: Er verlor seine Rachsucht und wurde voller Mitleid mit den Menschen von Ninive. Das „Ja" des Jonas ging weit über die Grenzen seines persönlichen Dramas hinaus; es strahlte auf seine ganze Umgebung aus.

Der aus Anrufen und Antworten bestehende ständige Dialog über Ihre Lebensaufgabe bringt Sie in direkten Kontakt mit den Tiefen Ihres Selbst, dem im Innersten Ihrer Seele wohnenden Gott, und in Folge einer geheimnisvollen Alchimie auch mit der Sie umgebenden Gemeinschaft. Wenn Sie Ihre Lebensaufgabe erfüllen, erweist sich das als ansteckend; dadurch entsteht ein unsichtbares, aber äußerst wirkliches Energiefeld. Der Umstand, dass Sie Ihre Lebensaufgabe voll bejahen, hat zur Folge, dass auch andere Menschen aus ihrem Dämmerzustand und ihrer existenziellen Leere aufwachen, den Traum ihrer Seele aufsteigen lassen und ebenfalls anfangen, an ihre Lebensaufgabe zu glauben.

Tagebuch meiner Entdeckungen bezüglich meiner Lebensaufgabe

Warum ein Tagebuch führen?

Wenn Sie dieses Buch gelesen haben, fragen Sie sich vielleicht, wo Sie jetzt bei der Suche nach Ihrer Lebensaufgabe stehen. Auf diesen abschließenden Seiten möchte ich Ihnen helfen, die Bilanz Ihrer Entdeckungen zu ziehen. Es soll dabei vor allem darum gehen, dass Sie zunächst die Ergebnisse der Übungen zusammentragen, sie dann ordnen und schließlich die Beschreibung Ihrer persönlichen Lebensaufgabe noch genauer formulieren.

Beim Sammeln aller Ihrer Funde gehen wir jetzt nach den jeweiligen Kapiteln vor.

Das Loslassen

I. Meine Trauer leben (4. Kapitel)

Verschiedene Arten von Trauer

Welche Übergangs-Etappen habe ich schon durchgemacht und welche Verluste musste ich dabei jeweils ins Auge fassen?

Während meiner Kindheit erlittene Verluste: ____________________

____

Im Verlauf meiner Pubertät erlittene Verluste: ____________________

____

Verluste in meiner Lebensmitte: ____________________________

____

____

Verluste zur Zeit meiner Pensionierung: ___________________

____

Verluste, die das Alter mit sich bringt: ___________________

____

Verluste infolge von Krankheiten und Behinderungen: ________

____

Weitere Verluste: _________________________________

____

____

____

Welche unvorhergesehenen Verluste musste ich durch Unfälle und Schicksalsschläge erfahren?

Durch Unfälle: ___________________________________

____

Durch Entlassung und Arbeitslosigkeit: __________________

____

Durch Scheidung und Liebeskummer: ____________________

____

Durch Konkurs: ___________________________________

____

Durch Verlust an gutem Ruf und Ansehen: ________________

____

Durch andere Ursachen: ____________________________

____

____

____

Welche Anzeichen weisen deutlich darauf hin, dass sich derzeit in meinem Leben eine Änderung anbahnt?

Langeweile, Gefühl der Leere und Sinnlosigkeit: ______________

____

Nostalgische Gefühle, Depressionen, Weltschmerz: ____________

____

Schuldgefühl, im Leben den Zug verpasst zu haben: ___________

____

Medizinisch schlecht zu erklärende körperliche Symptome: _____

____

Wachträume darüber, was ich hätte erreichen können: _________

____

In welcher Phase meiner Trauer befinde ich mich derzeit?

Stecke ich noch im Schock und im Zustand der Leugnung meiner Trauer? ____

____

Lasse ich meine Gefühle und Empfindungen offen zu: Ohnmacht, Angst, Trauer, Wut, Schmerz, Erleichterung, Bewusstsein, dass tatsächlich alles aus ist? ______________________________

____

____

Bin ich bereit, meinen Verlust klar zur Kenntnis zu nehmen und anzufangen, deshalb bestimmte Dinge zu regeln, zum Beispiel, Nutzloses abzustoßen, Geschäftliches zu ordnen, mich von dem zu lösen, was nicht mehr ist, usw.? _______________________

____

____

Bin ich nach dem erlittenen Verlust so weit, einen Sinn für mein Leben zu finden und eine besondere Lebensaufgabe ins Auge zu fassen, die sich infolge des soeben durchlebten Dramas abzeichnet?

____

____

Bin ich fähig, mir selbst wegen meines Versagens in der Liebe zu verzeihen und den anderen zu vergeben, dass sie mich verlassen haben?

____

____

Bin ich dabei, den Ertrag all der Liebe, die ich aufgebracht habe, sowie aller meiner Bemühungen und meines Energieseinsatzes während der Zeit meiner Verbundenheit mit dem geliebten Menschen zu ernten?

____

____

II. Meine Wunden heilen, um meine Lebensaufgabe entdecken zu können (5. Kapitel)

Meine Wunden

Welche größeren Wunden müsste ich ausheilen lassen, um wieder mein Selbstvertrauen zu finden? ______________________

____

____

Das Verzeihen und seine Etappen

An welcher Etappe des Verzeihens bin ich angelangt? __________

____

An Rache denke ich nicht mehr: ______________________

____

Ich werde mir deutlicher meiner tiefen Verletzung bewusst: _____

____

Ich spreche mit dem Menschen, der mich verletzt hat, oder mit einer Vertrauensperson darüber:

Ich nehme das, was in mir verletzt ist, genau in Augenschein, um es richtig betrauern zu können:

Ich überwinde meine Ansätze zu Rache und aggressiven Äußerungen:

Ich verzeihe mir selbst, dass ich mich habe aggressiv behandeln lassen und mir selbst immer noch weh tue:

Ich verstehe den Menschen, der mich verletzt hat:

Ich komme über meine Verletzung hinweg und gebe meinem Leben einen neuen Sinn:

Ich verzichte auf mein Gefühl moralischer Überlegenheit, das mir der Umstand, dem anderen verziehen zu haben, geben könnte:

Ich vertraue mich der Liebe Gottes an, der mir vergeben hat und auch mir die Kraft zum Vergeben schenkt:

Ich versöhne mich in meinem Herzen mit dem Menschen, der mich verletzt hat, und ich überlege ernsthaft, ob es klug ist, zu ihm in neuer Form eine Beziehung herzustellen:

Meine Lebensaufgabe

Sich aus meiner Trauer und meinen Verletzungen ergebende Anzeichen einer Lebensaufgabe: ______________________________

____

____

Liefert mir der sich nach einer Trauer oder Verletzung abzeichnende Sinn meines Lebens Hinweise für meine Lebensaufgabe?

____

____

Die Phase „am Rand"

I. Die Identifizierung meines Schattens (6. Kapitel)

Ich fasse zusammen, was ich herausgefunden habe und beschreibe einige wichtige Züge meines Schattens, die ich mir auf Grund der Fragen, die ich mir über meinen Schatten gestellt habe, entdecken konnte: ______________________________

____

____

____

Wie weit ist es mir gelungen, mich mit meinem Schatten anzufreunden und ihn bewusst zu integrieren, um mich besser in Harmonie mit mir selbst zu fühlen? ______________________________

____

____

____

II. Die Suche nach meiner Identität (7. Kapitel)

Viele Menschen fragen sich, wer sie eigentlich im Tiefsten sind, wollen also die Natur ihres Selbst genauer kennen lernen. Wie dargelegt, schält sich das Selbst in dem Maß deutlicher heraus, in dem man infolge eines ungewollten Verlustes oder mittels einer regelrechten Übung der „Desidentifikation“ seine oberflächlich gespielte Identität ablegt.

Zu welchen Ergebnissen führten die beiden Übungen zur Desidentifikation? Wessen bin ich mir bewusst geworden? ________
____
____

Suche nach Symbolen, die mich besser beschreiben

Ich fasse hier die Ergebnisse meiner Übungen zum genaueren Entdecken meiner Identität zusammen.

Erste Übung

Die Geschichten, die auf mich in meiner Kindheit, Pubertät und reifen Zeit einen besonderen Zauber ausgeübt haben:

1. ____
2. ____
3. ____

Zweite Übung

Welche moralischen Qualitäten finde ich bei meinen „Helden“?
____
____
____

Dritte Übung

Mit welcher Gestalt aus Geschichte oder Mythos oder mit welchem Tier, welcher Pflanze usw. habe ich mich identifiziert? ________
____
____
____

Genauere Beschreibung, inwiefern mich dieses Wesen ein gutes Stück weit darstellt: ________________________
____

Beschreibung der Charaktermerkmale, die aus mir einen einmaligen Menschen machen: ____________________________________

____

III. Methoden zum Entdecken meiner Lebensaufgabe
(8. Kapitel)

In der Geschichte meines bisherigen Lebens Hinweise auf meine Zukunft entdecken

Bei der Rückbesinnung auf Ihr bisheriges Leben haben Sie eine bestimmte Anzahl von Konstanten, wie etwa bestimmte Gesten, Einstellungen, Stellungnahmen oder Entscheidungen und Beziehungseigenschaften feststellen können. Diese Informationen über Sie selbst hatten Ihnen geholfen, die in Ihnen steckenden Archetypen herauszufinden. Nennen Sie diese Archetypen, indem Sie kurz und knapp jeweils ihren Einfluss auf Ihr Leben beschreiben:

____

____

____

____

____

____

Habe ich in meiner bisherigen Lebensgeschichte öfter wiederkehrende Themen gefunden, die mir Hinweise auf meine Lebensaufgabe liefern könnten? ____________________________________

____

____

____

Habe ich mich mit bestimmten Archetypen identifiziert? Mit welchen?

____

1. Archetyp: ____

2. Archetyp: ____

Die Intuitionen in der Zeit meiner Pubertät

Wer waren die Helden, an denen ich Vorauszeichen für meine eigene Lebensaufgabe erkannt habe? Wie sah ihre Lebensaufgabe aus?

____

____

____

____

Mein Sterbe-Nachruf

Ich fasse kurz die Hauptzüge meines Charakters und meiner Lebensaufgabe zusammen, wie sie in den Nachrufen bei meiner Beisetzung beschrieben wurden: ______________________

____

____

____

____

Zusammenfassung

Mit den in diesem Kapitel gesammelten Daten haben Sie bereits damit angefangen, bestimmte Leitlinien Ihrer Lebensaufgabe zu beschreiben.

IV. Meine Leidenschaft, meine Lebensaufgabe (9. Kapitel)

Hier sollten Sie Ihre letzte provisorische Beschreibung Ihrer Lebensaufgabe nachlesen, wie Sie sie im 9. Kapitel formuliert haben. Überprüfen Sie sie noch einmal im Licht alles dessen, was Sie gefunden haben, sowie aller bislang erworbenen Informationen. Fügen Sie dem Wortlaut der Beschreibung Ihrer Lebensaufgabe die Eigenschaften hinzu, die sie begründen, sowie die Schilderung des Kontexts, in dem Sie sie zu verwirklichen gedenken.

Meine dritte Beschreibung meiner Lebensaufgabe: __________

____

____

Die Anrufe seitens der Welt (10. Kapitel)

Die Metaphern, die ich für meine Lebensaufgabe für zutreffend halte sowie für meine Weltsicht: ______________________________

____

____

Ich achte besonders auf folgende Botschaften, die mir aus der Welt zukommen (Synchronizität): ______________________________

____

____

Ich entsinne mich folgender Botschaften seitens bestimmter Propheten: ____

____

____

Zur Phase „am Rand": Zusammenfassung

Nehmen Sie sich jetzt die Zeit, um genau den inneren Zusammenhang zu überprüfen, der zwischen der Beschreibung Ihrer Lebensaufgabe und allen den hier oben gesammelten Informationen besteht. Fragen Sie sich zum Beispiel: Stimmt meine Beschreibung meiner Lebensaufgabe mit meiner Weltsicht überein, mit dem Sinn, den ich meinem Leben nach meinen erlittenen Verlusten gegeben habe, mit den Botschaften von Seiten signifikanter Menschen, mit den Symbolen, mit denen ich mich identifiziert habe, mit meinem wichtigsten Archetyp, mit meinen Charakterzügen, wie sie in meinem Nachruf aufgezählt wurden usw.

Ist das der Fall, dann ist die Wahrscheinlichkeit ziemlich hoch, dass Ihre Beschreibung Ihrer Lebensaufgabe tatsächlich recht gut das echte Streben Ihrer Seele wiedergibt. Sollte dagegen zwischen dem Wortlaut der Beschreibung Ihrer Lebensaufgabe und den gesammelten Informationen nur sehr wenig Entsprechung bestehen, dann sollten Sie sich fragen, welche Korrekturen Sie vornehmen müssen.

Mein virtueller Rechenschaftsbericht: ausführliche Beschreibung meiner Lebensaufgabe (11. Kapitel)

Sofern Sie über vorläufige virtuelle Rechenschaftsberichte verfügen, führen Sie sie hier auf.

Erster vorläufiger virtueller Rechenschaftsbericht: ______________

____

____

Zweiter vorläufiger virtueller Rechenschaftsbericht: ______________

____

____

Meine Widerstände gegen die Erfüllung meiner Lebensaufgabe (12. Kapitel)

Heimweh nach der Vergangenheit: ______________________

____

Überstürztes Handeln: ______________________________

____

Zweifel über die Echtheit meiner Lebensaufgabe: ______________

____

Unentschlossenheit, obwohl ich meine Lebensaufgabe klar sehe:

____

Angst vor Ablehnung seitens meiner Bekannten: ______________

____

Angst, von den mir Nächsten abgelehnt zu werden: ______________

____

____

Bereitschaft, mich „auf die Probe stellen" zu lassen ________

Liste der „falschen Propheten", die ich meiden sollte ________

Liste meiner möglichen Mitarbeiter ________

Vorausschau der immer weiteren Kreise, die meine Lebensaufgabe ziehen könnte ________

Literatur

Adrienne, Carol (1998), The Purpose of Your Life, New York.

Billington, Antony u. a. (Hg.) (1995), Mission and Meaning: Essays presented to Peter Cotterell, Carlisle (England).

Bolles, Richard Nelson (1991), How to Find Your Mission in Life, Berkeley.

Bolles, Richard Nelson (1999), Durchstarten zum Traumjob: das Bewerbungshandbuch für Ein-, Um- und Aufsteiger, Frankfurt/Main.

Brewi, Janice u. Anne Brennan (1982), Mid-Life: Psychological and Spiritual Perspectives, New York.

Bridges, William (1996), Transitions: Making Sense of Life's Changes, Menlo Park (California).

Cameron, Julia (1997), The Vein of Gold: A Journey to Your Creative Heart, New York.

Campbell, Joseph u. Moyers, Bill (1988), The Power of Myth, New York; deutsch (1989): Die Kraft der Mythen: Bilder der Seele im Leben des Menschen, Zürich.

Christus, Pratiques ignatiennes: donner et recevoir les exercices spirituels, Mai 1996, n° 170. Darin bes. das Kapitel über die Auserwählung ab S. 180.

Cochran, Larry R. (1990), The Sense of Vocation: A Study of Career and Life Development, Albany.

Coelho, Paulo (1994), Der Alchimist, Zürich 1996.

Covey, Stephen (1995), Die sieben Wege zur Effektivität: ein Konzept zur Meisterung Ihres privaten Lebens, Frankfurt/Main.

Daudet, Alphonse (1942), Lettres de mon moulin, Paris.

Enright, Robert D. u. Joanna North (Hg.), (1998), Exploring Forgiveness, Madison (Wisconsin).

Frankl, Viktor E. (1947), Ein Psycholog erlebt das Konzentrationslager, Wien.

Frankl, Viktor E. (1979), Der Mensch vor der Frage nach dem Sinn: Eine Auswahl aus dem Gesamtwerk, München.

Gennep, Arnold van (1999), Übergangsriten, Frankfurt/Main.

Haineault, Pierre (1997), Comment tirer profit des bouleversements de sa vie, Outremont.

Hillman, James (1998), Charakter und Bestimmung: eine Entdeckungsreise zum individuellen Sinn des Lebens, München.

Jones, Laurie Beth (1996), Tous les chemins mènent à soi : l'importance de trouver sa voie, Montréal.

Johnson, Robert (1981), Der Mann, die Frau: auf dem Weg zu ihrem Selbst, Olten/Freiburg i. Br.

Jung, Carl Gustav (1971), Erinnerungen, Träume, Gedanken, Olten.

Keen, Sam u. Anne Valley-Fox (1989), Your Mythic Journey: Finding Meaning in Your Life Through Writing and Storytelling, Los Angeles.

Kornfield, Jack (1995), Frag den Buddha – und geh den Weg des Herzens, München.

Levoy, Gregg (1997), Callings: Finding and Following an Authentic Life, New York.

McCarthy, Kevin W. (1994), La puissance d'une vision: comment donner un sens à votre vie, Saint-Hubert (Kanada).

McNally, David (1996), Même les aigles ont besoin d'une poussée : sachez prendre votre essor dans un monde en pleine évolution, Saint-Hubert (Kanada).

Menuhin, Jehudi (1975), Unfinished Journey, London.

Monbourquette, Jean (1983), Grandir: aimer, perdre et grandir, Outremont.

Monbourquette, Jean (1992), Comment pardonner? Pardonner pour guérir, guérir pour pardonner, Outremont/Paris.

Monbourquette, Jean u. a. (1996), Je suis aimable, je suis capable: parcours pour l'estime et l'affirmation de soi, Outremont (VI. Teil Kap. 9).

Monbourquette, Jean (2001), Umarme deinen Schatten: Negative Energien in positive umwandeln, Freiburg i. Br.

Pacot, Simone (1999), Evangelisierung bis in die Tiefen des Herzens, Ravensburg.

Pauchant, Thierry C. u. a. (1996), La quête du sens, Montréal. Darin vor allem der Beitrag von Estelle Morin, «L'efficacité organisationnelle et le sens du travail», S. 257–288.

Robbins, Anthony (1992), Grenzenlose Energie: das Power-Prinzip, Bonn.

Roberge, Michèle (1998), Tant d'hiver au cœur du changement, Sainte-Foy (Kanada).

Sher, Barbara (1994), I Could Do Anything If I Only Knew What It Was: How to Discover What You Really Want and How to Get It, New York.

Sher, Barbara (2001, 2. Aufl.), Wishcraft: Vom Wunschtraum zum erfüllten Leben, Tübingen.

Spangler, David (1996), The Call, New York.

Spangler, David (1996), Everyday Miracles (s. S. 155): The Inner Art of Manifestation, New York.

Stephan, Naomi (1994), Fulfill Your Soul's Purpose: Ten Creative Paths to your Life Mission, Walpole (New Hampshire).

Viorst, Judith (1989), Mut zur Trennung. Menschliche Verluste, die das Leben sinnvoll machen, München. Übersetzung ins Deutsche (s. S. 62).